오스카 와일드
미학 강의:
사회주의에서의
인간의 영혼

Oscar Wilde, *The Soul of Man Under Socialism,* 1891.

시민 교양 신서 05

오스카 와일드

미학 강의:
사회주의에서의
인간의 영혼

오스카 와일드 지음
서의윤 옮김

도서출판

조한알

차례

사회주의에서의 인간의 영혼

고통의 근본적 해결책

사회주의가 세워지면 남을 위해 살아야 한다는 야비한 숙명, 현재 우리 모두를 너무나도 세게 옥죄는 그 숙명에서 벗어날 수 있다는 것이야말로 의심할 나위 없이 가장 큰 장점일 것이다. 사실 지금은 거의 누구도 여기에서 벗어나지 못하고 있다.

지난 한 세기가 지나는 동안 이따금, 다윈 같은 위대한 과학자와 키츠 같은 위대한 시인과 어네스트 르낭 같은 훌륭한 비판가와 플로베르 같은 뛰어난 예술가들이 타인들의 소란스러운 주장에서 벗어나기 위하여, 플라톤이 말한 것처럼 '벽을 쌓아 보호막 아래' 서기 위하여, 그리고 그렇게 하여 자신 안의 완전함을 어디 비할 데 없는 자신만의 업적, 어디 비할 데 없고 영원히 남는 온 세상의 업적으로 실현하기 위하여 스스로 고립을 자처해 왔다. 하지만 이들은 예외적인

9

경우다. 대부분의 사람들은 건설적이지 못하고 과장된 이타주의에 빠져 자신들의 삶을 망치고 있다. 실은 망치도록 강요받고 있다. 사람들은 끔찍한 가난과 끔찍한 추악함, 끔찍한 굶주림에 둘러싸인 채 눈을 뜬다. 분명 그들은 이 모든 것에 크게 흔들릴 것이다. 사람의 감정은 사람의 지능보다 더 빠르게 동요하기 마련이며, 그래서 내가 오래전 비판의 기능에 관한 어떤 글에서 지적했다시피 생각에 공감하기보다 고통에 공감하는 것이 훨씬 더 쉽기 때문이다. 따라서 사람들은 칭찬할 만하나 방향을 잘못 잡은 의도를 품고서는 눈에 띄는 악을 구제하겠다고 매우 진지하고 매우 감성적으로 달려들게 된다. 하지만 그들의 구제법은 병을 치료하지 못한다. 그저 병을 연장할 뿐이다. 실로, 사람들이 행하는 구제법은 병의 일부다.

예를 들어 그들은 가난한 사람들을 연명하게 함으로써, 훨씬 더 발전된 방식으로는 가난한 사람들을 즐겁게 해줌으로써 가난이라는 문제를 해결하려고 애쓴다.

하지만 이것은 해결책이 아니다. 문제를 더 곪게 만들 뿐이다. 가난이 설 곳이 없는 그러한 토대 위에 사회를 재건하려는 것이야말로 제대로 된 목표다. 그리고 바로 이타주의적 미덕이야말로 이 목표를 정말로 가로막고 있다. 노예주 중

최악의 경우가 바로 자신의 노예들에게 친절했던 자들이었던 것과 마찬가지로, 체제로부터 고통받는 사람들이 체제의 공포를 알아채지 못하고 체제를 고심하는 사람들이 체제의 공포를 이해하지 못하게 함으로써 결과적으로 현재 영국의 상황에서 가장 해악을 끼치는 자들은 바로 최선을 행하려는 자들인 것이다.

마침내 우리는 그 문제를 진실로 들여다보고 삶을 깨달은 사람들, 이스트앤드(East End)[1]에 사는 교육받은 사람들이 나서서 공동체를 향해 그 이타적인 자선, 자비, 기타 등등의 충동을 자제해 달라고 탄원하는 장관을 보게 되었다. 그들이 그렇게 하는 이유는 그런 자선 행위가 퇴행을 불러오며 기를 꺾는다는 것을 알기 때문이다. 그들이 전적으로 옳다. 자선은 다수의 죄악을 불러온다.

또한 이것 역시 말해 둬야겠다. 사유 재산이라는 제도의 결과로 나온 끔찍한 악들을 경감시키기 위해 사유 재산을 사용하는 것은 도덕적이지 않다. 부도덕하며 부당하다.

사회주의 사회에서는 당연히 이 모든 것이 바뀔 것이다.

---

1 산업혁명 후 공업 지대와 항만 지구가 형성되었고 여기에서 일하는 극빈 노동자가 사는 빈민가로 오스카 와일드가 활동하던 당시 유명했다.

어떤 사람도 악취 나는 굴에서 악취 나는 넝마주이를 덮고
서 말도 안 되고 절대적으로 혐오스러운 환경 속에서 건강
하지 못하고 배를 주리는 아이들을 키우는 일이 없을 것이
다. 지금과는 달리 사회의 안전이 날씨 변화에 따라 흔들리
는 일이 없을 것이다. 서리가 내렸다고 해서 10만 명이나 되
는 사람들이 일자리를 잃고, 역겨운 비참함에 휩싸인 채 거
리를 방황하거나 주변 사람들에게 흐느끼며 손을 벌리고,
혹은 어떻게든 빵 한 조각과 하룻밤 비루하게 잘 곳을 찾아
보려고 역한 쉼터 문 앞에 둥글게 모여 서 있게 해서는 안
될 일이다. 사회의 모든 구성원은 그 사회가 누리는 일반적
인 번영과 행복을 공유할 것이며, 서리가 내리는 날에도 누
구도 실질적으로 더 나빠지는 일이 없을 것이다.

사회주의에서 발현되는 개인주의

또 한편으로, 사회주의는 개인주의을 이끌어 낸다는 면만 보아도 그 자체로 가치가 있다.

사회주의나 공산주의, 아니 뭐라고 부르든지 간에 그것은 사유 재산을 공공의 부로 바꾸고 경쟁을 협력으로 대체하여, 그 결과 사회가 철저하게 건강한 유기체라는 제대로 된 상태를 회복하고 공동체의 각 구성원에게 물질적인 안녕을 보장해 줄 것이다. 실로 그것은 삶에 적절한 토대와 적절한 환경을 제공할 것이다. 하지만 삶이 완전이라는 최상의 상태로 온전하게 발전하기 위해서 필요한 것이 더 있다. 바로 개인주의다.

사회주의가 권위주의라면, 요즈음의 정부가 정치적 권력으로 무장한 것처럼 경제적 권력으로 무장한 정부가 대두한다면, 요컨대 우리가 산업화된 폭정을 가지게 된다면, 인간의 마지막 상태는 첫 상태보다도 나쁠 것이다.

현재로서는 사유 재산이 존재한 결과, 어마어마하게 많은 사람이 아주 제한된 양의 개인주의만 발전시킬 수 있다. 개인주의를 누릴 수 있는 사람들은 생계를 위해 일할 필요가 없는 사람들이거나 아니면 진실로 자신에게 일치하고 기쁨을 주는 그런 일을 선택할 수 있는 사람들이다. 바로 시인, 철학자, 과학자, 교양인들, 말하자면 진정한 인간, 자아를 실현하는 인간, 그 안에서 모든 인류가 부분적인 실현을 얻게 되는 그런 인간 말이다.

반면에 자신 소유의 사유 재산을 가지지 못하고 항상 굶주릴 위험에 처해 있는 엄청나게 많은 수의 사람이 짐 부리는 짐승의 일, 자신에게 맞지 않으며 독단적이고 비합리적이고 비천한 빈곤의 폭정에 따른 일을 강요받는다. 이들은 가난한 자들로, 이들에게는 우아한 매너, 매력적인 화술, 문명, 문화, 세련된 즐거움, 혹은 삶의 기쁨을 찾아볼 수 없다. 그들의 집단적인 힘으로부터 인류는 상당한 물질적 풍요를 얻는다. 하지만 얻은 것이라고는 단지 물질적인 결과일 뿐, 가난한 사람은 본질적으로 어떤 중요성도 갖지 못한다. 가난한 사람은 그 힘 속의 미미한 원자일 뿐이며 그 힘은 그에게 경의를 표하기는커녕 깔아뭉개는 것을 좋아하는데, 이는 그럴수록 그가 훨씬 더 복종하기 때문이다.

물론 사유 재산이라는 조건 아래서 만들어지는 개인주의는 꼭 혹은 대개는 좋거나 멋진 종류의 것은 아니며, 문화나 매력을 지니지 않은 가난한 사람들도 여전히 많은 미덕을 가지고 있다고 말할 수 있을 것이다. 이 말은 둘 다 상당 부분 사실이다. 사유 재산의 소유는 보통 사회 기준을 극도로 저하시키며, 당연하게도 그 때문에 사회주의는 그 제도를 없애고자 하는 것이다. 사실 재산이란 귀찮은 존재다.

몇 년 전 사람들이 전국을 돌면서 재산에는 의무가 따른다고 말한 적이 있다. 그들이 얼마나 자주 그리고 얼마나 장황하게 그 말을 했던지, 마침내는 교회가 그 말을 따라 하기 시작했다. 이제는 설교 때마다 그 이야기가 나온다. 그 말은 완전히 사실이다. 재산에는 그저 의무가 따른다는 정도가 아니라 너무도 많은 의무가 따르므로 어느 정도 재산을 소유하는 것은 성가신 일이다. 끊임없이 소유권 행사에 대한 목소리가 나오고, 끊임없이 사업에 골몰하게 되며, 끊임없이 신경을 써야 한다. 재산이 그저 기쁨이라면 견딜 만했을 것이나, 재산은 그에 따르는 의무 때문에 참을 수 없는 것이 되었다. 부자들을 위해서 우리는 재산을 없애야 한다. 가난한 사람들의 미덕은 쉽게 받아들여질 수도 있으나, 상당히 유감스러운 것이다.

우리는 가난한 사람들이 자선에 감사한다고 들어왔다. 물론 그런 사람들도 있겠지만, 가난한 사람들 중 최고의 사람들은 결코 고맙게 여기지 않는다. 그들은 고마워 하지 않고, 만족을 모르며, 순응하지 않고, 반항적이다. 그리고 그럴 만도 하다. 그들은 자선이란 말도 안 되게 부족한 형태의 부분 배상이라고, 또는 대개 자신들의 사적인 삶을 지배하려는 감성주의자들의 무례한 시도를 동반하는 감성적인 시주라고 느끼는 것이다. 가난한 사람들이 부자의 식탁에서 떨어진 부스러기에 감사할 이유가 있는가? 그들 역시 식탁에 함께 앉아야 하며, 자신들도 그 사실을 깨닫기 시작했다. 불만족에 관해 말하자면, 그러한 환경과 그렇게 질 낮은 삶의 방식에 만족하는 사람이야말로 진정한 짐승일 것이다. 불복종이란, 누구든 역사를 읽은 자라면 그것이 인간의 원초적 미덕임을 알 것이다. 바로 불복종을 통해서 진전이 이루어져 왔다. 불복종과 저항을 통해서 말이다.

때로 가난한 사람들은 검소하다는 칭찬을 받는다. 하지만 가난한 사람들에게 검소함을 권장하는 것은 기괴하고도 모욕적이다. 마치 굶주려 죽어 가는 사람에게 좀 적당히 먹으라고 조언하는 것과 마찬가지다. 도시나 시골의 노동자에게 검소함을 실천하는 것은 절대적으로 부도덕한 일이다. 사람이라면 자기가 비루먹은 짐승처럼 살 수 있다는 것을 쉽게 드러내서는 안 된다. 사람이라면 그렇게 살기를 거부하고 도둑질을 하거나 빈민 구호로 살아야 하는데, 이 또한 많은 사람에게는 도둑질로 간주된다. 구걸에 대해 말해보자면, 훔치는 것보다 구걸이 더 안전하지만, 구걸보다는 훔치는 쪽이 더 낫다. 아니다. 고마워 할 줄 모르고, 검소하지 않고, 만족을 모르며, 저항적인 가난한 사람은 아마도 진정한 사람이며 많은 것을 품고 있다. 그는 어쨌든 간에 건강한 저항이다.

그러나 도덕적인 가난뱅이를 살펴보자면 물론 그를 동정할 수는 있겠지만 경외의 대상은 될 수 없다. 그는 적과 은밀한 계약을 맺고 아주 형편없는 야채 죽 한 그릇에 자기가 가진 타고난 권리를 팔아먹은 자다. 그는 또한 틀림없이 유별난 바보일 것이다. 나는 그 사람이 그런 조건 속에서 어떠한 형태의 아름답고 지적인 삶을 실현할 수 있는 한, 사유 재산을 지키는 법을 받아들이고 사유 재산의 축적을 인정하는 사람을 이해할 수 있다. 하지만 그런 법안들 때문에 인생이 망가지고 끔찍해진 사람이 그런 법의 존속을 묵인하는 것을 보면 거의 믿을 수 없을 지경이다.

하지만 이에 대한 설명은 어렵지 않게 찾을 수 있다. 그저 이런 것이다. 비참함과 가난은 너무도 절대적인 타락을 불러오며 그렇게까지 인간 본성을 마비시킨 나머지 어떤 계급도 스스로의 고통을 실제로 인식하지 못하게 되는 것이다. 다른 사람들이 말을 해 줘야만 알게 되고, 그마저도 대개는 믿으려 하지 않는다. 노동의 거대 고용주들이 선동가들에 대해서 한 말은 두말할 것 없이 사실이다. 선동가들은 끼어들고 참견하는 사람들의 무리를 말하며, 이들은 완벽하게 만족 상태인 공동체의 계급에 안착하여 그들 사이에서 불만족의 씨앗을 뿌리는 사람들이다. 그래서 선동가들은 반드시 존재해야 하는 것이다. 그들이 없다면 우리의 불완전한 상황에서는 문명을 향한 발전이란 없을 것이다.

미국에서 노예제가 폐지된 것은 노예들의 어떤 행동이 일으킨 결과가 아니었고, 노예들이 자유로워져야 한다는 명확한 요구의 결과 또한 아니었다. 노예제가 폐지된 것은 전적으로 보스턴 등지에 있던 몇몇 선동가들, 그 자신이 노예나 노예주가 아니며 그 문제와는 하등 연관이 없었던 그 사람들이 했던 전적으로 불법적인 행동의 통해서였다. 의심할 여지없이 그 불을 밝혔던 노예제 폐지론자들이 바로 그 모든 것을 시작한 사람들인 것이다. 그리고 그 사람들이 노예들로부터는 거의 지지를 받지 못했을 뿐 아니라 어떤 공감도 얻지 못했다는 것, 그리고 그 전쟁이 끝나자 노예들은 자신이 자유롭다는 것을, 너무나도 절대적으로 자유로운 나머지 굶을 자유까지 있다는 것을 깨닫고는 많은 수가 그러한 새로운 상태를 쓰라리게 후회했다는 사실을 밝혀 두는 것이 좋겠다.

사상가들이 보기에 프랑스 혁명 전체에서 가장 비극적인 사실은 마리 앙투아네트가 여왕이라는 이유로 죽임을 당한 것이 아니라 방데의 굶주린 농민들이 끔찍한 봉건제의 대의[2]를 위해 자발적으로 죽으러 나갔다는 사실이다.

그러면 이제 권위주의적 사회주의는 가능하지 않다는 것이 명백해졌을 것이다. 현재 체제하에서는 상당수 사람들이 어느 정도 자유와 표현과 행복을 누릴 수 있지만, 산업 병영 체제, 즉 경제적 폭군 체제에서는 어느 누구도 그런 자유를 전혀 가질 수 없기 때문이다. 우리 공동체의 일정 부분이 실질적인 노예제하에 있다는 것은 유감스럽지만, 공동체 전체를 노예화해서 그 문제를 해결하자고 하는 것은 유치한 일이다. 모든 사람은 자신이 하는 일을 선택할 자유를 어느 정

---

2 1793년부터 1796년까지 방데(Vendée)의 농민들은 국왕과 가톨릭을 위한다는 명분을 걸고 봉기했고 15만~20만 명이 학살당했다.

1795년 제9연대 방데 농민 봉기 강화 현장으로, 프랑스 혁명 때 농민 반군으로 창설된 반군이 화평을 맺는 장면을 표현한 샤를 알렉상드르 코에쌩(Charles-Alexandre Coëssin)의 그림(1882)

도 가질 수 있어야 한다. 그에게 어떤 식의 강제도 행사해서는 안 된다. 만약 그렇다고 한다면 일은 그에게도 도움이 되지 않을 뿐 아니라 그 자체로도 좋을 수 없으며 다른 사람들에게도 좋은 영향을 줄 수 없을 것이다. 여기서 일이란 모든 종류의 활동을 말한다.

오늘날 조사관이 매일 아침 집집마다 전화를 해서 시민들이 일어나 8시간 동안 노동을 했는지 확인해야 한다고 진지하게 말하는 사회주의자가 있으리라고는 생각하지 않는다. 인류는 그 단계를 넘어섰으며, 그런 형태의 삶은 인류가 상당히 독단적으로 범죄자라고 부르는 사람들의 몫으로 남겨 놓았다. 하지만 고백하건대 내가 만난 많은 사회주의자의 시각은 실제적인 강제라는 개념은 아닐지라도 권위의 개념에 오염되어 있는 듯 보였다. 물론 권위와 강제는 말도 안 되는 일이다. 모든 연합은 상당 부분 자발적이어야 한다. 사람은 오직 자발적인 조직에서만 온전할 수 있다.

하지만 사유 재산의 존재로 인해 어느 정도 발달해 온 개인주의가 어떻게 그러한 사유 재산 말소로부터 이득을 볼 수 있냐는 질문이 있을 수 있다. 대답은 아주 간단하다. 기존의 조건에서는 바이런이나 셸리, 브라우닝, 빅토르 위고, 보들레르 등과 같이 자신만의 불로 소득이 있었던 소수의 사람들만이 어느 정도 완전하게 인성을 실현할 수 있었다. 이들 중 어느 누구도 단 하루 고용되어 일한 적이 없다. 그들은 가난에서 벗어나 있었다. 그들에게는 엄청난 혜택이 있었던 것이다. 그러한 혜택이 개인주의를 위하여 포기되어야 할 것인지가 바로 문제다. 그러면 개인주의에 무슨 일이 일어날 것인가? 어떤 좋은 점이 있는가?

이런 장점들이 있을 것이다. 새로운 조건에서는 개인주의란 지금보다 훨씬 더 자유롭고, 세련되고, 격해져 있을 것이다. 나는 내가 언급했던 시인들이 가졌던, 상상 속에서 실현된 위대한 개인주의를 말하고 있는 것이 아니라, 인간 일반에게 보이지 않고 잠재되어 있는 현실 속의 위대한 개인주의를 말하는 것이다. 사유 재산을 인정함으로써 개인주의는 심히 침해를 당했고 인간과 그가 소유한 것을 혼동함으로써 개인주의의 모습이 흐려졌기 때문이다. 결과적으로 개인주의는 완전히 길을 잃게 되었다. 그것은 본래 의도했던 성장이 아닌 팽창을 낳았다. 사람들은 소유하는 것이 중요하다고 생각하게 되었고, 존재하는 것이 중요하다는 것을 알지 못했다. 진정한 인간의 완성은 그가 무엇을 가졌는지가 아니라 그가 어떤 사람이냐에 달려 있는 것이다.

사유 재산은 진정한 개인주의를 망가뜨리고 그 자리에 거짓 개인주의를 세웠다. 사유 재산으로 인해 공동체의 일부는 굶주림에 지쳐 진정한 개인이 될 수 없었다. 사유 재산으로 인해 공동체의 다른 일부는 잘못된 길에 들어선 채 가로막혀 진정한 개인이 될 수 없었다. 인간의 인성은 너무 완전하게 그의 소유물에 흡수되었고, 영국 법은 항상 재산에 대한 범죄를 인간에 대한 범죄보다 더 엄중히 다루어 왔으며, 여전히 재산은 완전한 시민권의 기준이다. 돈을 벌어야 한다는 산업적인 필요 또한 사회를 보는 기준을 저하시킨다.

우리 공동체와 같이 재산이 엄청난 영예와 사회적 지위, 명예, 존경, 직위 그리고 그런 종류의 흡족한 것들을 제공하는 공동체에서는 본질적으로 야심에 차 있는 인간은 이 재산의 축적을 목표로 삼기 마련이며 자신이 원하는 것, 혹은 사용할 수 있는 것, 혹은 즐길 수 있는 것, 혹은 심지어 얼만큼인지 파악할 수 있는 것을 훨씬 넘어서 소유하게 된 후에도 계속 지리멸렬하고 장황하게 재산을 축적해 간다. 인간은 재산을 손에 넣기 위해 과로하다가 죽을 것이며, 이는 실제로 그 재산이 주는 어마어마한 혜택을 생각해 보면 그다지 놀랍지 않다. 유감인 것은 이 사회가 그러한 토대 위에 세워졌으므로 인간이 자신 안에 있는 매혹적이고 기쁜 것들을 자유롭게 발전시킬 수 없으며 그래서 삶의 진정한 기쁨과 즐거움을 놓치게 되는 그런 천편일률로 몰아가게 된다는 사실이다.

기존 상황에서 인간은 너무도 불안정하다. 아주 부유한 상인일지라도 매 순간 자신의 통제를 벗어난 우주의 자비에 운명을 맡기고 있을지도 모르며, 대개는 그렇다. 조금만 바람이 더 불어도, 아니면 날씨가 갑자기 바뀌기만 해도, 또는 어떤 사소한 일이 일어나서 그의 배가 가라앉을 수도 있고, 투자 예측이 잘못될 수도 있고, 그래서 순식간에 가난뱅이가 되어 사회적 지위를 거의 다 잃게 될 수 있다. 이제 자신을 제외한 그 어떤 것도 인간을 해칠 수 없을 것이다. 어떤 것도 인간을 위협하여 무언가를 빼앗아 갈 수 없을 것이다. 인간이 진실로 가지고 있는 것은, 자신 안에 있는 것뿐이다. 밖에 있는 것들은 중요한 것이 아니다.

사유 재산이 폐지되면, 그때 우리는 진정한 아름다운 건전한 개인주의를 누릴 수 있을 것이다. 어느 누구도 물건이나 물건의 상징을 쟁여 놓느라 인생을 낭비하지 않을 것이다. 사람은 삶을 살게 될 것이다. 산다는 것은 이 세상에서 가장 흔치 않은 일이 되었다. 대부분의 사람은 그저 존재할 뿐이다.

이는 우리가 과연 예술이라는 상상적인 차원을 제외하고서 진정한 인성의 발현을 본 적이 있느냐 하는 것이다. 실제로, 우리는 그런 것을 본 적이 없다. 몸젠은 카이사르가 완전하고 완벽한 인간이었다고 말한다. 하지만 그는 너무도 비극적으로 불안정했다. 권위를 행사하는 사람이 있는 곳이라면, 그 권위에 저항하는 사람도 있기 마련이다. 카이사르가 아주 완벽했을지라도 그가 가진 완벽함은 너무도 위험한 길에 있었다. 르낭은 마르쿠스 아우렐리우스가 완벽한 인간이었다고 말한다. 그렇다. 그 위대한 황제는 완벽한 인간이었다. 하지만 그에 대한 끊임없는 요구들은 얼마나 견디기 힘든지! 그는 제국이 주는 부담으로 비틀거렸다. 그는 티탄이 짊어진 거대한 천체의 무게를 한 인간이 감당해야 한다는 것이 얼마나 부적절한지를 잘 알고 있었다.[3]

내가 완벽한 인간이라 함은 완벽한 조건, 즉 부상이 없고 근심이 없으며 불구가 아니고 위험에 처하지 않은 상태에서 자란 사람을 말한다. 대부분의 인성은 반항아가 되게 되어 있다. 그것들이 가진 힘의 절반은 갈등 속에서 낭비된다. 예를 들면 바이런의 인성은 영국인들의 어리석음과 위선, 속물근성과 전투를 치르느라 지독하게 낭비되었다. 그러한 전

---

3 1902년 영국 식민지 장관인 조지프 체임벌린은 서서히 몰락해 가는 대영 제국을 가리켜 "지친 티탄은 운명이라는 너무도 거대한 천체 아래서 비틀거린다"고 표현했다.

투들은 항상 힘을 강화하지 않고, 오히려 종종 약함을 과장한다. 바이런은 그가 우리에게 줄 수도 있었던 것을 결코 주지 못했다. 셸리는 더 잘 빠져나갔다. 바이런과 마찬가지로 그 역시 가능한 빨리 영국을 벗어났다. 하지만 그는 그다지 알려지지 않았다. 셸리가 얼마나 위대한 시인인지를 영국인들이 조금이라도 알았더라면 그에게 온통 필사적으로 매달려서 있는 힘껏 그의 삶을 그가 견디지 못할 지경으로 만들었을 것이다. 셸리는 두드러진 사회 인사가 아니었고, 그래서 결과적으로 어느 정도까지는 빠져나갈 수 있었다. 하지만 셸리조차 반항의 징후는 때로 너무 강렬했다. 완벽한 인성의 특징은 저항이 아니라 평화다.

인간의 진정한 인성을 보게 되는 것은 놀라운 일이다. 그것은 마치 꽃처럼, 또는 나무가 자라나듯이 자연스럽고 단순하게 자라난다. 그런 인성은 불일치 속에 있지 않다. 결코 언쟁이나 논쟁하는 일도 없다. 무언가를 증명하지도 않는다. 모든 것을 알면서도 지식에 연연하지 않고 지혜를 갖출 것이다. 그 가치는 물질적인 것으로 측정할 수 없다. 그것은 그 무엇도 소유하지 않으면서도 모든 것을 소유할 것이고, 누군가 그것으로부터 뭔가를 취하더라도 여전히 풍부하게 그것을 가지고 있을 것이다. 그런 인성은 타인들에게 간섭하지 않으며 자기처럼 되라고도 요구하지 않는다. 그런 인성은 서로 다른 그 타인들을 사랑할 것이다. 그리고 타인에게 간섭하지 않으면서도 마치 아름다운 것이 그 존재 자체로 우리에게 도움을 주듯이 그렇게 모두를 도울 것이다. 인간의 인성은 아주 멋지게 될 것이다. 아이의 인성만큼이나 그렇게 멋질 것이다.

만약 인간이 원한다면 그런 인성은 자라나면서 기독교의 도움을 받을 것이지만, 만약 인간이 원치 않는다 해도 어쨌든 인성은 분명히 발달할 것이다. 그런 인성은 과거에 연연하지 않고 무슨 일이 있었는지 없었는지 신경 쓰지 않을 것이기 때문이다. 또한 그런 인성은 자신만의 법칙이 아닌 어떤 법도 인정하지 않을 것이며, 자신만의 권위가 아닌 어떤 권위도 받아들이지 않을 것이다. 그러면서도 인성을 강화하려고 하는 사람들을 사랑하며 종종 그들에 대해 얘기할 것이다. 그리스도가 그중 하나였다.

예수의 개인주의

'너 자신을 알라'는 고대 세계의 문에 새겨져 있었다. 새로운 세계의 문 위에는 '너 자신이 되어라'가 쓰여져야 할 것이다. 그리스도가 인간에게 남긴 말은 단순히 "너 자신이 되어라"는 것이었다. 그것이 그리스도의 비밀이다.

예수가 가난한 자에 대해 말할 때 그것은 단순히 인성을 의미한 것이며, 마찬가지로 부유한 자들에 대해 말할 때도 인성을 발달시키지 못한 사람들을 말하는 것이다. 예수는 우리 사회와 마찬가지로 사유 재산의 축적을 허락하는 공동체에서 활동했으며, 그가 설교한 복음은 그러한 공동체에서는 빈약하고 해로운 음식을 먹고 꾀죄죄한 누더기를 걸치고 끔찍하고 불결한 곳에서 자는 사람이 우위에 있으며 건강하고 기쁨이 넘치고 품위 있는 조건에서 사는 사람은 그렇지 않다는 것이 아니었다. 그렇게 생각하는 것은 그때 그

곳에서도 잘못된 것이었을 테며, 물론 지금 여기 영국에서는 훨씬 더 잘못된 것일 테다. 그것은 인간이 북쪽으로 가면서 삶의 물질적 필요가 더욱 치명적으로 중요해지기 때문이며, 우리 사회는 고대 세계의 어떤 사회보다도 무한히 더 복잡하며 훨씬 더 거대한 빈부 격차를 보이기 때문이다.

예수가 말하고자 했던 것은 이것이다. 그는 인간에게 "그대들은 훌륭한 인성을 가지고 있다. 그것을 발전시켜라. 너 자신이 되어라. 그대의 완벽함이 외부적인 것들을 축적하고 소유하는 데 있다고 생각하지 마라. 그대의 사랑은 그대 안에 있다. 그것을 실현할 수만 있다면 그대는 부자가 되기를 원하지 않을 것이다. 평범한 부자들은 사람에게 도둑을 맞을 수도 있다. 진정한 부자에게는 그럴 일이 없다. 그대 영혼의 보고에는 그대에게서 빼앗아 갈 수 없는 무한하게 귀중한 것이 있다. 그러니 외부의 것들이 해치지 못할 그런 삶을 가꾸어라. 그리고 개인 재산을 없애도록 애써라. 그것으로부터 끔찍한 편견이, 끝없는 부지런함과 계속되는 잘못이 나온다. 개인의 재산은 모든 면에서 개인주의를 가로막는다."

예수가 결코 가난한 자가 필연적으로 선하며 부자가 필연적으로 악하다고 말한 적이 없다는 것에 주의해야 한다. 사실 계급으로서의 부자들은 가난한 자들보다 더 도덕적이고,

더 지적이며, 행동거지도 더 바르다. 공동체 안에서 부자들보다 돈에 대해 더 많이 생각하는 계급은 단 하나가 있으며 이는 바로 가난한 자들이다. 가난한 자들은 돈에 대해서만 생각한다. 그것이 가난의 비참함이다. 예수가 말한 것은 인간은 그가 가진 것을 통해서가 아니라, 그가 행하는 것을 통해서도 아니라, 온전히 그가 어떤 사람이냐를 통해서만 완벽에 다다를 수 있다는 것이다.

예수에게 온 부유한 청년은 철저히 올바른 시민으로서 국가의 어떤 법도 어긴 적이 없고 그가 가진 종교의 어떤 계율도 어긴 적이 없는 사람으로 그려진다. 그는 꽤나 존경할 만한데, 이 비범한 단어를 일반적인 의미로 쓰자면 그렇다. 예수는 그 청년에게 말한다. "그대의 사유 재산을 포기하라. 그로 인해 그대는 완벽을 실현하지 못한다. 재산은 그대에게 장애물이다. 그것은 짐이다. 그대의 인성은 재산을 필요로 하지 않는다. 그대가 진정한 그대의 모습과 그대가 진정으로 원하는 것을 찾을 곳은 그대의 밖이 아니라 그대 안에서다."

예수는 지인들에게도 똑같은 말을 한다. 예수는 그들에게 그들 자신이 되라고, 항상 다른 것들만 걱정해서는 안 된다고 말한다. 다른 것들이 대체 무슨 소용인가? 인간은 그 자체로 완전하다. 그들이 세상 속으로 들어가면 세상은 그들과 불화한다. 필연적으로 그렇다. 세상은 개인주의를 증오한다. 하지만 개인주의는 사람들에게 문제를 일으키지 않는다. 개인주의는 차분하며 자기중심적이다.

　누군가 그들의 외투를 빼앗아 간다면, 그들은 그저 물질적인 것들은 전혀 중요하지 않다는 것을 보여 주기 위해 겉옷조차 벗어 줄 것이다. 사람들이 그들을 모욕하더라도 그들은 대꾸하지 않을 것이다. 그 의미는 무엇인가? 사람들이 누군가에 대해 하는 말들이 그 사람을 바꾸지 못한다. 그는 그일 뿐이다. 여론은 어떤 경우에도 가치가 없다. 사람들이 실제로 폭력을 쓴다 하더라도, 그들은 폭력을 돌려주지 않는다. 그것은 똑같은 수준으로 떨어지는 것이기 때문이다. 결국 감옥에서조차 인간은 아주 자유로울 수 있다. 그의 영혼은 자유로울 것이다. 그의 인성은 방해받지 않을 것이다. 그는 평정을 유지할 것이다. 무엇보다 그들은 어떤 식으로든 타인을 간섭하거나 판단하지 않을 것이다. 인성은 아주 신비로운 것이다. 그가 한 행동으로 인간을 파악할 수 있지 않다. 법을 지키는 사람도 쓸모없을 수 있다. 법을 어겼다 하더라도 훌륭한 사람일 수 있다. 악한 짓을 전혀 하지 않아도 악할 수 있다. 사회에 대한 범죄를 저질렀을지라도 그 죄를 통해 자신의 진정한 완벽을 이룰 수도 있다.

간통으로 잡혀 온 여자가 있었다. 그녀의 사랑에 관한 이야기는 알 수 없지만 대단한 사랑이었던 것은 분명한 듯하다. 예수는 그녀가 회개해서가 아니라 그 사랑이 너무도 강렬하고 아름다웠기 때문에 그녀의 죄가 사함을 받으리라 말했던 것이다. 후에, 예수가 죽기 직전 잔치 자리에 앉아 있을 때, 그 여자가 들어와서 그의 머리에 비싼 향료를 부었다. 예수의 지인들이 그녀를 말리려 하면서 그것은 사치라고, 그 향료를 살 돈이면 도움이 필요한 사람들에게 자비로운 구제를 베풀 수도 있다고 말했다. 예수는 그런 사람들의 생각을 인정하지 않았다. 그는 인간의 물질적 욕구는 거대하고도 아주 영구적임을 지적하면서도, 그럼에도 인간의 영적 욕구는 훨씬 더 거대하다고, 어느 성스러운 순간 인성은 그 자신의 표현법을 선택함으로써 스스로 완벽해진다고 말했다. 세상은 이 여자를 지금까지도 성인으로 숭배한다.

그렇다. 개인주의에는 시사하는 바가 있다. 예를 들어 사회주의는 가정생활을 없앨 것이다. 사유 재산이 폐지되면서 현재와 같은 형태의 결혼은 사라질 것이 분명하다. 이는 프로그램의 일부다. 개인주의는 이를 받아들이고 괜찮은 것으로 만든다. 개인주의는 이 법적 규제의 폐지가 인성의 온전

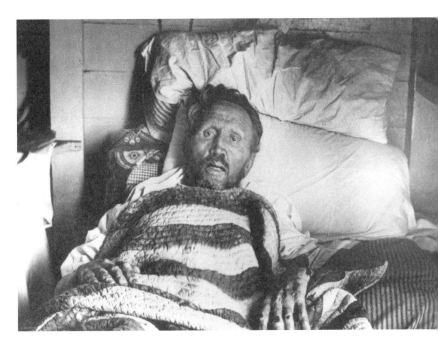

임종 시 침상에서의 다미앵 신부(1889년 4월 14일)

한 발전을 돕는 자유의 형태가 될 수 있게 만들고, 남녀 간의 사랑을 더욱 멋지고, 더욱 아름답고, 더욱 고상한 것으로 만든다. 예수는 이를 알고 있었다. 예수 시대 공동체에서 가정생활은 상당히 두드러진 형태였지만 예수는 이를 부정했다. "누가 내 어머니인가? 누가 내 형제들인가?" 예수는 형제들과 어머니가 자신과 말하기를 원한다는 이야기를 듣자 이렇게 말했다. 예수의 추종자 중 1명이 잠시 가서 아버지를 매장하고 오겠다고 하자, 예수는 끔찍하게도 "죽은 자는 죽은 자가 묻게 하라"고 대답했다. 그는 인성에 관해서는 어떠한 주장도 허락하지 않았다.

그러므로 그리스도 같은 삶을 살고자 하는 사람은 완벽하고 절대적으로 자기 자신인 사람이다. 그는 위대한 시인일 수도 있고, 위대한 과학자일 수도, 젊은 대학생일 수도, 황야에서 양을 치는 사람일 수도, 셰익스피어처럼 드라마를 만드는 사람일 수도, 스피노자처럼 신에 대한 사상가일 수도 있고, 정원에서 노는 아이나 바다에 그물을 던지는 어부일 수도 있다. 그가 영혼의 완성은 자신 안에 있다는 것을 아는 한 그의 직업은 중요하지 않다.

도덕과 삶의 모든 모방은 잘못된 것이다. 오늘날 예루살렘의 여러 골목에는 미쳐서 어깨에 나무 십자가를 지고 다니는 사람이 있다. 그는 모방으로 망가진 삶의 상징이다. 다미앵 신부가 나병 환자들과 함께 살기로 했을 때 그는 그리스도와 같았다. 그러한 봉사에서 그는 자신 안에 있는 최고의 것을 실현했기 때문이다. 하지만 그보다 더 그리스도 같은 사람이 바로 음악에서 자신의 영혼을 실현한 바그너이며, 시에서 자신의 영혼을 실현한 셸리다. 인간에게 단 하나의 유형이 주어진 것이 아니다. 불완전한 사람이 많은 만큼 다양한 완벽함이 존재한다. 그리고 인간은 자비의 요구 앞에 굴복할지언정 자유로울 수 있는 반면, 어떤 인간도 순응의 요구 앞에 굴복하면서 동시에 자유로울 수 없다.

노동을 조직하는 자발적 연합으로서의 국가

개인주의는 사회주의를 통해서 우리가 얻어야 할 것이다. 자연스러운 결과로 국가는 정부라는 모든 개념을 포기해야 한다. 그것은 그리스도 이전 수 세기 전에 한 현자가 말했듯이 인류를 내버려 두는 것은 가능해도 인류를 통치하는 것은 불가능하기 때문이다. 모든 양태의 정부는 실패작이다. 전제정은 아마도 더 나은 것을 위해 만들어진 압제자 그 자신을 포함하여 모두에게 부당하다. 과두제는 다수에게, 중우 정치는 소수에게 부당하다. 한때는 민주주의에 많은 희망이 걸려 있었으나, 민주주의는 그저 민중을 위한, 민중에 의한, 민중의 폭정을 의미할 뿐이다. 그렇다는 것이 밝혀졌다. 이를 적기였다고 부를 수 있는 이유는, 모든 권위는 저급하게 만드는 경향이 있기 때문이다. 모든 권위는 그 권위를 행사하는 사람들을 저급하게 만들고, 그 권위 행사를 당하는 사람들을 지급하게 만든다.

　권위가 폭력적이고, 지나치고, 잔인하게 행사될 때, 그 권위는 항쟁의 정신과 권위를 없앨 수 있는 개인주의를 만들어 내거나 불러일으킴으로써 좋은 효과를 낸다. 권위가 어느 정도의 친절함을 가지고 상과 보상을 동반하여 행사되면, 그것은 끔찍하게 곤혹스러운 일이다. 그런 경우 사람들은 자신들을 억압하는 끔찍한 힘을 보다 덜 알아차리며 그래서 자신들이 타인의 생각을 자신의 생각으로 알고 타인의 기준을 살아가며 타인이 입던 옷이라고 할 수 있는 것을 입었다는 사실을 깨닫지 못하고, 단 한순간도 자기 자신이 되지 못한 채, 애완동물처럼 일종의 거친 안락함 속에서 삶을 영위하게 된다. 한 훌륭한 사상가의 말처럼, "자유롭고자 한다면 안락해서는 안 된다." 그리고 권위는 사람들에게 안락함을 제공함으로써 우리들 가운데 아주 천박한 유의 팽배한 야만주의를 만들어 낸다.

　권위와 함께 처벌도 사라질 것이다. 이는 위대한 성취가 될 것이다. 실로 그 가치를 셀 수 없는 성취다. 학생들이나 졸업만 겨우 한 사람들을 위해 여기저기 골라낸 채 쓰여진 역사가 아니라 매 시대의 진정한 권위에 의해 쓰여진 역사를 읽어 보면 사악한 자들이 저지른 범죄 때문이 아니라 선한 자들이 가해 온 처벌 때문에 구역질이 나며, 공동체는 범죄의 발생이 아니라 처벌을 습관처럼 사용하면서 무한히 더욱 야만적이 되는 것이다. 그리하여 더 많은 처벌이 가해질수록 더 많은 범죄가 발생하며, 최근의 법률은 이 점을 명확하게 인식하여 가능하다고 생각되는 만큼 처벌을 줄이는 것을 일로 삼고 있다.

법률이 처벌을 실제로 줄인 곳에서는 그 결과가 항상 극도로 좋았다. 처벌이 줄어들수록 범죄도 줄어든다. 처벌이 아예 없는 곳에서는 범죄 역시 사라질 것이며, 범죄가 일어난다 하더라도 이는 매우 비통한 형태의 치매로 의사들이 치료해야 하는 것, 돌봄과 친절로 치료하는 것이 될 것이다. 오늘날 범죄자라고 불리는 사람들은 결코 범죄자가 아니기 때문이다.

현대 범죄를 낳은 것은 죄악이 아니라 굶주림이다. 그것이 바로 하나의 계급으로서 오늘날의 범죄자들은 어떤 심리학적 관점에서도 전혀 관심의 대상이 못 되는 진짜 이유다. 오늘날의 범죄자들은 대단한 맥베스[4]들이자 형편없는 보트랭

---

4 셰익스피어 비극의 주인공. 스코틀랜드의 장군 맥베스(Macbeth)는 막료 뱅코와 개선하는 도중 황야에서 세 마녀를 만나 그와 뱅쿼의 후손이 왕이 된다는 예언을 듣는다. 그 이상으로 야심 있는 부인에게 사주를 받아 때마

⁵들이다. 그들은 그저 평범하고 존중받을 만하며 흔하디 흔한 사람들이 먹을 것이 없을 때 그렇게 될 수밖에 없는 그런 모습인 것이다. 사유 재산이 폐기되면 범죄의 필요도, 범죄에 대한 수요도 없을 것이며, 범죄는 사라지게 될 것이다.

물론 모든 범죄가 재산에 대해 이뤄지는 것은 아닌데, 그럼에도 그런 범죄를 인간의 모습보다 인간이 가진 것을 더 중히 여기는 영국 법은 가장 가혹하고 가장 엄중하게 처벌하며, 이는 살인죄는 제외하고 죽음을 징역보다 더 가혹한 것으로 보기 때문에 그런 것으로, 우리 시대의 범죄자들은 이 지점에 동의하지 않을 것으로 보인다. 하지만 어떤 범죄가 재산에 대해 저지른 것이 아니라고 하더라도 그것은 재산 소유라는 우리의 잘못된 체제에서 발생한 비참함과 분노와 절망에서 싹튼 것일 테며, 그렇기 때문에 그 체제가 폐기된다면 그런 범죄 또한 사라질 것이다. 공동체의 일원들이

침 마중 나온 왕 던컨을 살해하고, 그 후 뱅쿼와 파이프의 영주 맥더프의 처자마저 죽인다. 하지만 맥베스는 뱅쿼의 망령에 시달리고 부인은 몽유병자가 된 후 자살한다.

5 발자크의 『고리오 영감』에 나오는 40대 남자인 보트랭(Vautrin)은 "정직이란 평범한 수단 가지고는 입신 출세할 수 없다", "맛 좋은 음식을 먹고 싶으면 자기 손을 더럽히지 않으면 안 된다. 우리 시대의 도덕은 모두 거기에 있는 거야"라고 말하며 범죄를 권한다.

오노레 드 발자크의 『고리오 영감』 삽화(1834)

각자 자기가 원하는 것을 충분히 가지고 이웃의 간섭을 받지 않을 때, 그 역시 다른 누구를 간섭하는 것이 관심사가 되지 않을 것이다. 현대의 삶에서 특이한 범죄의 근원인 질시는 우리가 재산에 대해 가지고 있는 개념과 밀접하게 엮여 있는 감정으로, 사회주의와 개인주의 사회에서는 사라질 것이다. 공산주의적 부족들에게 질시가 완전히 낯선 것이라는 사실은 주목할 만하다.

이제 국가는 지배하는 것이 아니라 하였으니, 그럼 국가가 할 일은 무엇이냐고 물을 수 있다. 국가는 노동을 조직할 자발적인 연합이 되어야 하며, 필요한 물품의 제조자이자 분배자가 되어야 한다. 국가는 유용한 것을 만들어야 한다. 개인들은 아름다운 것을 만들어야 한다. 그리고 노동이라는 단어를 언급했기에 하는 말인데, 오늘날에는 육체노동의 존엄성에 대해 수많은 허튼소리가 쓰여지고 얘기되고 있다. 육체노동은 전혀 고귀한 점이 없으며, 대개는 절대적으로 비천하다. 인간이 기쁨을 찾을 수 없는 일이라면 무엇이든 그것을 하는 것이 그 사람에게 정신적·도덕적으로 해로우며, 많은 형태의 노동이 상당히 기쁘지 않은 행동이고 그래서 그렇게 간주되어야 한다. 동풍이 불어오는 날[6]에 8시간 동안 진창인 건널목을 청소하는 구역질 나는 직업이다. 정신적·

리틀 칼렌든 거리의 도로 청소기

도덕적·육체적 존엄성을 가지고서 청소를 하는 것은 불가
능해 보인다. 즐거워 하면서 청소를 한다는 것도 소름 끼치
는 일이다. 인간은 먼지를 휘젓는 것보다 더 나은 것을 위해
만들어졌다. 그런 종류의 모든 일은 기계가 해야 한다.

그렇게 될 것이라 의심하지 않는다. 인간은 현재까지 어느
정도 기계의 노예가 되어 왔고, 인간이 자신의 일을 맡기기
위해 기계를 발명한 그 순간부터 굶주리기 시작했다는 사
실에 비극적인 면이 있는 것이다. 하지만 이것은 물론 우리
가 가진 재산 체제, 우리가 가진 경쟁 체제의 산물이다. 한
사람은 500명 분의 일을 하는 기계 1대를 소유하고 있다. 결
과적으로 500명이 해고되고 할 일을 찾지 못하고 굶주린 채
도둑질로 몰리게 된다. 그 한 사람은 기계 생산을 확보하고
유지하면서, 자신이 가져야 할 것보다 500배가 많은 양을,
그리고 훨씬 더 중요하게는 아마도 자기가 실제로 원하는 것
보다 훨씬 더 많은 양을 소유하는 것이다.

기계가 모두의 소유물이라면 모두가 그 혜택을 누릴 것
이다. 이는 공동체에 어마어마한 이득이 될 것이다. 지적이

---

6 '동풍(east wind)이 온다'는 말은 ① 비가 온다, ② 대륙에서 부는 바람인
동풍이 불어 봄이 온다는 의미 등이 있다.

지 않은 모든 노동, 단조롭고 지루한 모든 노동, 지독한 것들을 다루고 불쾌한 조건이 따르는 모든 노동은 기계가 해야만 한다. 기계는 석탄 탄광에서 우리 대신 일해야 하고, 모든 위생 서비스를 행해야 하고, 증기선의 화부 역할을 해야 하며, 거리를 청소하고, 비 오는 날 우편을 나르고, 지긋지긋하고 비참한 모든 일을 해야 한다. 오늘날의 기계는 인간과 경쟁한다. 제대로 된 조건하에서라면 기계는 인간에게 봉사할 것이다. 의심할 나위 없이 이것이 기계의 미래이며, 그래서 시골 촌부가 잠든 사이에 나무가 자라는 것과 마찬가지로 인류가 즐거움을 누리는 동안, 또는 노동이 아닌 진정한 인간의 목적인 교양 있는 여가를 즐기는 동안, 또는 아름다운 것들을 만들고, 또는 아름다운 것들을 읽고, 또는 그저 경외감과 기쁨에 차서 세상을 명상하는 동안에 기계는 필요하고도 불쾌한 모든 일을 처리할 것이다.

문명은 노예를 필요로 한다는 것은 사실이다. 그리스인들은 그 점에서 꽤 옳았다. 추하고, 끔찍하고, 흥미롭지 않은 일을 하는 노예가 없었다면 문화와 명상은 거의 불가능했을 것이다. 인간 노예는 잘못되고, 불안정하고, 부도덕한 것이다. 세계의 미래는 바로 기계 노예에, 기계의 노예화에 달려 있다. 그리고 과학적인 사람들이 암울한 이스트앤드에

44

불려가서 나쁜 코코아와 더 형편없는 담요를 굶주리는 사람들에게 나눠 줄 필요가 없을 때, 그들은 흡족한 여가를 누리면서 스스로의 기쁨과 모두의 기쁨을 위한 멋지고 훌륭한 것들을 고안해 낼 것이다. 모든 도시에, 필요하다면 모든 집에 거대한 전력 창고가 있어서, 사람들은 이 전력을 필요에 따라 열로, 빛으로 또는 동력으로 바꿀 것이다. 유토피아적인가? 유토피아가 없는 세계 지도는 쳐다볼 가치조차 없다. 인류가 항상 착륙하고자 하는 그 한 나라가 없기 때문이다. 그리고 그곳에 발을 디디고 나면, 인류는 주위를 살피고 더 나은 나라를 보며 앞으로 나아갈 것이다. 진보는 유토피아의 실현이다.

지금까지 나는 기계의 조직화라는 수단을 통한 공동체가 유용한 것들을 제공할 것이며 개인은 아름다운 것들을 만들 것이라는 얘기를 했다. 이는 그저 필수적일 뿐 아니라 우리가 모 아니면 도를 취할 수 있는 유일한 방법이기도 하다. 타인의 사용을 위한 물건을 만드는 개인, 그리고 타인들의 욕구와 바람에 맞춰 물건을 만드는 개인은 흥미를 가지고 일하지 못하며 결과적으로 자신이 가진 최고의 것을 일에 쏟지 못한다.

반면에 공동체나 공동체의 강력한 부문 혹은 어떤 종류

의 정부라도 예술가에게 무엇을 하라고 지시한다면, 예술은 완전히 사라지거나, 전형화되거나, 또는 저급하고 비천한 공예로 전락한다. 예술 작품은 독창적인 기질이 낳은 독창적인 결과다. 그 아름다움은 작가의 본질에서 나온다. 작가가 아닌 다른 사람들이 무엇을 원하는지와는 하등 관계가 없는 일이다. 실로 예술가가 타인이 무엇을 원하는지 알아차리고 그 요구에 부응하려고 할 때, 그는 예술가가 되기를 멈추고 단조롭거나 유쾌한 공예가, 정직하거나 부정직한 품팔이가 되는 것이다. 그는 더는 예술가로 간주될 자격이 없다.

예술, 가장 강렬한 개인주의

예술은 이 세상에 드러난 가운데 가장 강렬한 형태의 개인주의다. 나는 예술이 이 세상에서 유일하게 진정한 개인주의라고 말하고 싶다. 범죄는 어떤 조건하에서는 개인주의를 만들어 낸 것처럼 보일 수 있지만 반드시 타인을 인식하고 개입해야만 일어날 수 있다. 범죄는 그런 행동반경에 속해 있다. 하지만 예술가는 주변인들을 고려하지 않고 어떤 개입도 없이 홀로 아름다운 것을 만들어 낼 수 있으며, 만약 그가 오직 자신만의 기쁨을 위해 그렇게 하는 것이 아니라면 그는 예술가라고 결코 말할 수 없다.

또한 일러둘 것은 예술이 이렇듯 강렬한 개인주의이므로 대중이 우스꽝스럽고도 부도덕하고, 한심하고도 타락한 권위를 그 위에 휘두르려고 한다는 것이다. 이는 대중의 잘못이라고만 할 수 없다. 대중은 항상, 언제나 본데없이 자라 왔다. 그들은 계속 예술이 대중적이어야 한다고, 자기들의 입맛에 맞아야 한다고, 자기들의 부조리한 허영심에 비위를 맞춰야 한다고, 자기들이 들어왔던 얘기를 해 줘야 한다고, 자기들이 지겹도록 보아 왔던 것을 보여 줘야 한다고, 자기들이 과식을 하고 몸이 무거울 때 마음을 기쁘게 해 줘야한다고, 자신들의 어리석음에 지쳐갈 때 주의를 다른 데로 돌려줘야 한다고 요구하고 있다.

이제 예술은 절대로 대중적이 되려고 해서는 안 된다. 대중이 스스로 예술적이 되려고 애써야 한다. 여기에는 아주 큰 간극이 있다. 과학자가 자신의 실험 결과가, 자신이 도달한 결론이 그 주제에 대한 일반 대중의 개념을 혼란에 빠뜨리지 않고, 대중의 편견을 흐트러뜨리지 않으며, 과학에 대해서는 하나도 알지 못하는 사람들의 감성을 건드리지 않는 그런 것이어야 한다는 말을 듣는다면, 그리고 철학자가 그에게 최고의 사고의 영역 안에서 숙고할 수 있는 완벽한 권리가 있되 다만 어떤 영역에서도 전혀 생각지 않은 그런 사람들이 내릴 만한 결론에 도달해야 한다는 그런 말을 듣는다면 어떨까. 아마 오늘날의 과학자와 철학자들은 아주 흡족해 할 것이다. 하지만 철학과 과학이 무지막지한 대중의 통제 아래 권위, 실제로 공동체의 일반적인 무지 혹은 성직자나 통치 계급의 폭력과 권력욕이 낮은 권위의 속박 아래 놓이게 된 것은 몇 년이 되지 않는다. 물론 우리는 공동체 혹은 교회 혹은 정부가 사변적 사고의 개인주의에 관여하려는 어떤 시도도 상당 부분 물리쳐 왔으나, 상상력 가득한 예술의 개인주의에 관여하려는 시도는 여전히 계속되고 있다. 실제로 그런 시도는 계속되는 것 이상이며 공격적이고, 모욕적이며, 야만적이다.

영국에서는, 이를 가장 잘 회피한 예술은 대중이 관심을 기울이지 않는 예술이다. 예를 들면 시를 말한다. 영국에서 훌륭한 시가 존속되어 온 이유는 대중이 시를 읽지 않으며 결과적으로 시에 영향을 행사하지 않기 때문이다. 대중은 개인이라는 이유로 시인들을 즐겨 모욕하지만, 일단 모욕하고 나면 그들을 내버려 둔다. 소설과 드라마의 경우는 대중이 관심을 기울이는 예술로, 대중이 권위를 휘두른 결과는 절대적으로 터무니없었다. 다른 어떤 나라도 영국처럼 그렇게 형편없게 쓰여진 소설을, 그렇게 지리멸렬하고 흔해 빠진 소설 형태의 결과물을, 그렇게 바보 같고 천박한 희곡을 만들어 내지 않는다. 그럴 수밖에 없다. 대중의 기준은 예술가로서는 도달할 수 없는 그런 것이다.

대중 소설가가 된다는 것은 쉬우면서도 어려운 일이다. 너무 쉬운 것은 대중의 요구 사항이 줄거리, 문체, 심리, 인생을 다루는 것과 문학을 다루는 것에 관한 한 가장 별 볼일 없는 능력과 가장 교양 없는 마음이 닿는 범위 안에 있기 때문이다. 너무 어려운 이유는 그러한 요구 사항을 충족하기 위해서 예술가는 자신의 기질에 가혹한 짓을 해야 하고, 예술적인 글쓰기의 기쁨을 위한 글을 쓰지 못하고 반밖에 교육받지 못한 사람들의 오락을 위해 글을 써야 하며, 그래서 자신의 개인주의를 억누르고 자신의 문화를 잊고, 자신의 문제를 없애고, 자신에게 가치 있는 모든 것을 포기해야 하기 때문이다.

드라마의 경우에는 사정이 좀 낫다. 극장에 가는 대중은 명확한 것을 좋아하고 지루한 것을 좋아하지 않는다. 그리고 가장 대중적인 형태의 두 드라마인 풍자극과 익살극은 분명한 형태의 예술이다. 풍자적이고 익살스러운 조건 아래서는 마음에 드는 작품이 나올 수 있으며, 이런 종류의 작품을 쓸 때 영국 예술가들에게는 아주 많은 자유가 허락된다. 대중 통제의 결과가 보이는 때는 바로 더 높은 수준의 드라마가 나올 때다. 대중이 싫어 하는 것이 하나 있다면 바로 새로움이다.

예술의 주제를 확장하려는 어떤 시도도 대중에게는 불쾌

감을 일으킨다. 하지만 예술의 생명과 진보는 상당 부분 주제를 계속 확장하는 것에 달려 있다. 대중이 새로움을 싫어하는 이유는 그것이 두렵기 때문이다. 대중에게 새로움이란 개인주의의 한 양식으로 예술가가 자신만의 주제를 선택하고, 그것을 원하는 대로 다룬다는 선언이다. 대중이 그러는 데는 그럴 만한 이유가 있다. 예술은 개인주의이고, 개인주의는 교란하고 붕괴하는 힘이다. 그 안에 개인주의의 광활한 가치가 있는 것이다. 개인주의가 교란하고자 하는 것은 전형의 단조로움, 관습의 노예화, 습관의 폭정 그리고 인간을 기계 수준으로 하락시키는 것이기 때문이다.

대중은 예술에 있는 것을 받아들이는데, 이는 예술의 진가를 알아보았기 때문이 아니라 그것을 바꿀 수 없기 때문이다. 그들은 고전을 통째로 삼키고는 결코 그 맛을 알지 못한다. 대중은 고전이 어쩔 수 없는 것이기 때문에 참아 내며, 손댈 수 없기 때문에 입을 대는 것이다. 이상하게도, 혹은 당연하게도, 그 자신의 관점에서도 이렇듯 고전을 받아들이는 것은 엄청나게 해로운 일이다.

영국에서 성경과 셰익스피어가 무비판적으로 경외를 받는 것이 내가 말하고자 하는 예다. 성경에 대해 말하자면, 교회 당국의 의견이 개입될 문제므로 내가 길게 끌 필요는 없다. 하지만 셰익스피어의 경우에는, 대중이 그의 작품 안에서 진실로 아름다움이나 단점을 보지 못하고 있다는 것은 꽤나 분명하다. 대중이 아름다움을 봤다면 그들은 드라마의 발전에 반대하지 않았을 것이며, 단점을 봤어도 역시 드라마의 발전에 반대하지 않았을 것이다.

대중이 그 나라의 고전들을 예술의 진보를 확인하는 수단으로 사용하는 것이 현실이다. 그들은 고전을 권위로 강등시킨다. 그들은 새로운 형식으로 아름다움을 자유롭게 표현하는 것을 막기 위한 곤봉으로 고전을 사용한다. 그들은 항상 작가에게 왜 다른 사람처럼 쓰지 않는지 묻고, 화가에게 왜 다른 사람처럼 그리지 않는지 묻는데, 이는 어떤 경우에든 그런 식으로 하는 것은 예술가가 아닌 것이 된다는 사실을 잊은 행태다.

아름다움의 새로운 양식은 대중에게는 절대적으로 불쾌하며, 그런 것이 등장할 때마다 그들은 너무도 화가 나고 당황한 나머지 항상 2가지의 어리석은 표현을 보인다. 하나는 그 예술 작품이 심히 난해하다는 것이고, 다른 하나는 그 작품이 심히 부도덕하다는 것이다. 이런 말을 할 때 그들이 의미하는 것은 다음과 같다고 본다. 그 작품이 심히 난해하다는 말은 작가가 어떤 새로운 아름다운 것을 말했거나 만들었다는 것을 의미하며, 작품이 심히 부도덕하다고 말할 때는 작가가 어떤 진실된 아름다운 것을 말했거나 만들었다는 것을 의미한다. 전자는 양식에 관한 것이고 후자는 주제에 관한 것이다. 하지만 그들이 그 말을 쓸 때는 매우 모호하게 쓸 것이며, 이는 일반 군중은 기성품 포석을 사용할 것이기 때문이다.

예를 들어 현 세기에는 영국 대중이 진지하게 부도덕이라는 증서를 수여한 시인이나 산문 작가가 단 1명도 없는데, 이 증서는 실질적으로 프랑스에서는 문학아카데미의 공식 인정에 맞먹는 것으로, 다행히도 덕분에 영국에서는 그런 기관이 그다지 필요 없게 되었다. 당연하게도 대중은 부도덕이라는 말을 하는 데 매우 무분별하다. 워즈워스를 부도덕한 시인이라고 부르는 정도만 기대할 수 있다. 워즈워스는 시인이었다. 하지만 대중이 찰스 킹즐리를 부도덕한 소설가라고 부르는 것은 예외적이다. 킹즐리의 산문은 그다지 우수한 수준이 아니었다. 그래도 부도덕이라는 말이 있고, 그들은 최선을 다해 그 말을 사용한다. 물론 예술가라면 그 말에 연연하지 않을 것이다. 진정한 예술가는 절대적으로 자기 자신이며, 그래서 절대적으로 자기 자신을 믿는 사람이다.

상상해 보건대, 어떤 예술가가 영국에서 어떤 작품을 만들고 그 작품이 나오자마자 대중이 언론이라는 매체를 통해 상당히 분명하고 매우 도덕적인 작품이라고 인정받는다면, 그 예술가는 자기가 그 작품을 만들면서 온전히 자기 자신이었는지, 그래서 결과적으로 그 작품이 그다지 자신에게 걸맞지 않은 것은 아닌지, 그리고 이류작이나 예술적 가치가 없는 것은 아닌지 심각하게 고민하기 시작할 것이다.

하지만 아마도 내가 대중을 '부도덕', '난해한', '이국적인', '불건전한' 같은 단어들로 한정한 것은 잘못된 것일 테다. 대중이 사용하는 단어가 하나 더 있다. 바로 '병적인'이라는 단어로, 그다지 자주 사용되지는 않는다. 이 단어의 의미는 너무도 단순해서 대중은 그 단어 쓰기를 두려워 한다. 그래도 가끔씩 사용하며, 때때로 잘나가는 신문에서도 볼 수 있다. 물론 이 단어는 예술 작품에 쓰기에는 얼토당토않은 것이다. 표현할 수 없는 감정의 상태나 사고의 양식을 제외하고 병적인 것이라는 것이 뭐가 있는가? 대중은 모두 병적이다. 그들은 무엇 하나라도 걸맞은 표현을 찾을 수 없기 때문이다.

예술가는 결코 병적이지 않다. 그는 모든 것을 표현한다. 그는 자신의 주제를 드러내고, 자신의 매체를 통해 비할 데 없으며 예술적인 영향을 만들어 낸다. 예술가가 병적인 것을 주제로 다룬다고 해서 그를 병적이라고 부르는 것은 마치 셰익스피어가 『리어왕』을 썼다고 해서 그가 미쳤다고 하는 것만큼이나 어리석다.

대체로 영국의 예술가는 공격을 받음으로써 얻어 가는 것이 있다. 그의 개인성이 강화된다. 그는 더욱 온전히 자기 자신이 된다. 물론 그런 공격들은 매우 역겹고, 비열하며, 한심하다. 하지만 그렇다면 어떤 예술가도 저속한 정신에게서 우아함을, 따분한 지성에게서 고상함을 기대할 수 없는 것이다. 저속함과 어리석음은 현대의 삶에서 아주 생생한 2개의 모습이다. 당연히 유감스럽다. 하지만 사실이다. 다른 모든 것과 마찬가지로 저속함과 어리석음 역시 연구 대상이다. 그리고 현대의 언론인들에 대해서, 그들이 공공연하게 누군가를 비난하며 쓴 것에 대해 그에게 사적으로는 항상 사과한다는 것을 밝혀 두는 것이 공정할 것이다.

지난 몇 년 사이에 앞으로 등장할 다른 두 형용사가 대중의 손에 쥐어진 몇 안 되는, 예술 기만적인 어휘에 추가되었다. 그 하나가 '불건전한'이라는 단어이고, 다른 하나는 '이국적인'이라는 단어다. 후자는 그저 매혹적이고 절묘하게 사랑스러운 불멸의 난초를 향해 덧없는 버섯이 표하는 분노일 뿐이다. 찬사이기는 하지만 전혀 중요하지 않은 찬사다. 하지만 '불건전한'이라는 단어는 분석이 필요하다. 그것은 꽤나 흥미로운 단어다. 사실 너무도 흥미로워서 그 말을 쓰는 사람들은 그 뜻이 무엇인지를 알지 못한다.

그 의미가 무엇인가? 어떤 것이 건전하고, 불건전한 예술 작품인가? 합리적으로 쓴다는 가정하에 보면 예술 작품에 쓰이는 모든 표현은 그 스타일 또는 주제, 혹은 그 둘 다에 관한 것이다. 스타일을 보자면, 건전한 예술 작품은 그것이 단어든 청동이든, 형형색색이든 단색이든 간에, 작품의 재료가 가진 아름다움이 그 스타일에서 살아나는 것이고, 그 아름다움을 미적인 효과를 만드는 요소로 사용하는 것이다. 주제를 보자면, 건전한 예술 작품은 그 주제에서 예술가의 기질이 드러나고 예술가의 기질에서 직접 탄생한다.

결국 건전한 작품이란 완벽함과 개성을 둘 다 갖춘 것을 말한다. 물론 형식과 재료는 예술 작품 속에서 떼어 놓을 수 없다. 그 둘은 항상 하나다. 하지만 분석을 위해서, 그리고 미적인 인상의 전체성을 잠시 미뤄 놓고서, 우리는 지적으로 그 둘을 분리할 수 있다. 반면 불건전한 예술 작품이란 그 형식이 분명하고, 고리타분하고, 흔해 빠진 것이고, 예술가 마음에 들어서가 아니라 대중이 돈을 지불할 것이라고 생각되어 그 주제를 의도적으로 선택한 것이다. 사실 대중이 건전하다고 말하는 인기 소설은 언제나 철저하게 불건전한 산물이며, 대중이 불건전한 소설이라고 부르는 것은 언제나 아름답고 건전한 예술 작품이기 마련이다.

내가 단 한순간도 대중과 대중 매체가 이 단어들을 오용한다고 불평하는 것이 아니라는 말은 할 필요가 없을 것이다. 나는 대중이 예술이 무엇인지 제대로 이해하지 못하면서도 그 단어들을 적절하게 사용할 수 있을 것이라 생각하지 않는다. 난 그저 그 단어들이 오용되고 있음을 지적할 뿐이며, 그 오용의 근원과 그 이면에 놓인 의미에 대한 설명은 간단하다. 그 오용은 권위에 대한 미개한 개념으로부터 나온다. 그것은 권위에 의해 타락한 공동체라면 당연히 개인주의를 이해하거나 진가를 알아보지 못하는 그런 무능력에서 나온다. 요컨대, 그것은 여론이라고 불리는 무시무시하고 무지한 것으로부터 나오는데, 이 여론이란 행동을 제어하려고 할 때는 나쁘고 악의 없는 것이지만, 예술의 사상을 통제하려고 할 때는 지독하며 사악한 의도를 가진 것이다.

실로 여론을 옹호할 말보다는 대중의 물리적 폭력을 옹호할 말이 훨씬 더 많이 있다. 후자는 좋은 것일 수도 있다. 전자는 반드시 어리석다. 종종 폭력에는 변명의 여지가 없다고들 한다. 하지만 그것은 증명하려는 것이 무엇인지에 따라 완전히 다르다. 영국에서 계속된 개인 통치[7]와 프랑스에서 지속된 봉건주의 등 지난 몇 세기에 일어났던 가장 중요한 문제들 중 다수는 물리적 폭력만으로 해결되었다. 혁명에서 보이는 바로 그 폭력으로 인해 잠시나마 대중은 위대하고 눈부시게 보인다. 그 불행한 시기에 대중은 펜이 포석보다 강하다는 것을, 그리고 투석만큼이나 공격적이 될 수 있다는 것을 발견했다. 그들은 즉시 언론인을 찾아서 키우고 그를 부지런하고 돈 많이 받는 자신들의 하인으로 삼았다. 그 둘 다에게 참으로 유감스러운 일이다. 바리케이드 뒤에는 고상하고 영웅적인 것이 많을지도 모른다. 하지만 신문 사설 뒤에 있는 것이라고는 편견과 어리석음과 교활함과 변설 외에 또 무엇인가? 그리고 이 4가지가 합해지면 끔찍한 힘을 낳고 새로운 권위를 구성한다.

---

7 개인 통치는 '11년간의 폭정'이라고도 하는데 찰스 1세가 1628년 의회를 해산한 후, 1629년에서 1640년까지 잉글랜드, 스코틀랜드, 아일랜드를 의회 없이 통치한 것을 부르는 말이다. 찰스 1세는 결국 올리버 크롬웰이 이끄는 청교도 혁명으로 1649년 대역죄로 처형되었다.

예술과 대중

　과거에는 인간에게 고문대가 있었다. 이제는 언론이 있다. 분명 발전했다. 하지만 여전히 아주 나쁘고, 잘못되고, 타락시키는 것이다. 버크였던가? 누군가는 언론을 제4계급이라고 불렀다.[8] 의심할 것 없이 당시에는 맞는 말이었다. 하지만 현재에는 언론이 유일한 계급이다. 언론은 나머지 3개의 계급들을 집어삼켰다. 세속 상원 의원들은 입을 다물었고, 성직 상원 의원들은 할 말이 없으며, 하원은 할 말이 없고 말하지도 않는다. 우리는 언론의 지배를 받고 있다. 미국에서는 대통령이 4년간 통치를 하지만 언론은 영원히 지배한다. 다행하게도 미국 언론은 그 권위를 가장 천박하고 무자비한

---

8 역사가 토머스 칼라일은 『영웅숭배론』에서 1789년 에드먼드 버크가 의회 연설에서 의회에는 세 계급이 있고 저기 기자석에는 제4계급이 있는데 다른 세 계급보다 중요하다고 말한 것을 기록해 두었다.

극단으로 몰아갔다. 당연한 결과로서 그 덕분에 저항 정신이 생기기 시작하고 있다. 사람들은 자신의 기질에 따라 언론에 흡족해 하거나 그것을 역겨워 한다.

하지만 언론은 더 이상 과거와 같은 진정한 세력이 아니다. 언론을 진지하게 대하는 사람은 없다. 영국에서 언론은 몇몇 유명한 예들을 제외하고는 무자비함이 그렇게 도를 넘지 않았고, 그래서 여전히 중요한 요소이자 진실로 두드러지는 권력이다. 언론이 사람들의 사적인 삶에 휘두르는 폭정은 상당히 독특해 보인다. 대중은 진정 알아야 할 가치가 있는 것을 제외한 모든 것을 알고 싶어 하는 만족을 모르는 호기심을 가졌다는 게 문제다. 이를 잘 알고 있으며 장사꾼 기질을 가지고 있는 언론은 그 수요를 만족시킨다.

이전 시대에서는 언론인들의 귀를 우물가에 못 박았었다.[9] 너무도 끔찍한 일이었다. 오늘날 언론인들은 자신들의 귀를 열쇠 구멍에 못 박아 두고 있다.[10] 이는 더욱 나쁜 일이다. 이

---

9 영국 및 스코틀랜드의 튜더 왕조에서 18세기까지 처벌에 관해 기록해 둔 것을 보면 실제로 죄 지은 자의 귀를 우물에 못으로 박았다. 누가 처벌을 받는지 많은 사람이 알기에는 우물이 좋았다. 물을 긷기 위해 사람들이 모이는 장소였기 때문이다. 그리고 이는 언론에만 해당하는 처벌은 아니었다.

10 언론인들이 사적인 삶에 폭정을 휘두르기 위해서 언제나 남의 사생활을 엿듣고 있는 것을 의미한다.

악영향를 악화시키는 것은, 가장 비난받는 언론인은 사회 신문에다가 글을 싣는 유쾌한 언론인들이 아니라는 사실이다. 해악은 진지하고 고심하는 성실한 언론인들에 의해 일어나는데, 지금 그러고 있듯이 엄숙하게 대중의 눈앞에다 위대한 정치가의 사생활에서 일어난 일, 정치 세력을 일으킨 까닭에 그 정치사상의 지도자가 된 사람의 사생활에서 일어난 일을 던져 놓고, 대중에게 그 일에 대해 토론하고 그 문제에 권위를 행사하고 자신들의 관점을 부여하고, 단지 관점만 부여하는 것이 아니라 행동으로 옮기고, 그 사람에게 강요하고, 그의 당에 강요하고 그의 지역에 강요하면서 그 자신을 우스꽝스럽고 모욕적이고 해롭게 만드는 그런 언론인들로부터 온다.

개인의 사적인 생활은 대중에게 알려져서는 안 된다. 대중은 남의 사생활과 관련이 없다. 프랑스에서는 이러한 일을 보다 잘 처리한다. 프랑스 사람들은 이혼 법정에서 일어나는 세세한 내용들이 대중의 흥미나 비판대에 공공연히 올려지는 것을 금지하고 있다. 대중이 알도록 허용된 것이라고는 이혼이 일어났으며 관련된 부부의 어느 한쪽 혹은 둘 다의 청원으로 이루어졌다는 것뿐이다. 사실 프랑스에서는 언론인들은 제한하고 예술가들에게 완벽한 자유를 부여한다.

여기 영국에서 우리는 언론인들에게 절대적인 자유를 허락하고 예술가들에게는 완전한 제한을 부여한다. 말하자면, 영국에서 여론이란 아름다운 것을 존재하게 만드는 사람은 속박하고 방해하고 왜곡하려고 하는 동시에 언론인들은 추하고 역겹고 혐오스러운 것들을 세세하게 전하게 하므로, 우리는 세계에서 가장 심각한 언론인들과 가장 추잡한 신문을 갖게 되었다. 강박이라고 해도 과언이 아니다.

아마도 끔찍한 것들을 전하면서 진정한 기쁨을 느끼는 언론인들이나, 가난해서 스캔들을 일종의 영구한 수입원으로 여기는 언론인들이 몇몇 있을지도 모른다. 확신하건대 교육받고 교양 있는 사람들, 그러한 것들을 발행하는 것을 진심으로 싫어 하는 사람들, 그것이 잘못된 일이란 것을 아는 사람들, 그리고 그들의 직업상 대중이 원하는 것을 대중에게 주어야 한다는 의무를 진, 그리고 역한 대중의 입맛에 가능한 온전하게 만족을 제공하는 데 다른 언론인들과 경쟁할 수밖에 없는, 그런 불건전한 조건 아래에서 그 일을 할 수밖에 없는 사람들도 있다고 본다. 교육받은 사람이라면 누구라도 그런 입장에 처한다면 매우 낙담할 것이며, 장담하건대 그들 대부분은 그 사실을 정확히 느끼고 있을 것이다.

하지만 이 주제의 정말 지저분한 부분은 치워 두고, 예술에서 대중의 통제라는 문제, 그러니까 여론이 예술가에게 그가 사용하는 형식과 그 형식을 사용하는 방법과 그가 작업하는 재료를 가지고 왈가왈부하는 문제로 다시 돌아와 보자.

나는 영국에서 가장 몸을 잘 피한 예술은 바로 대중의 관심을 받지 않은 예술이라는 점을 지적한 바 있다. 하지만 대중은 드라마를 좋아한다. 지난 10년, 15년 사이에 드라마에서 어느 정도의 발전이 있었는데, 이 발전은 전적으로 대중의 입맛을 기준으로 삼기를 거부하고, 예술을 단지 수요와 공급의 문제로 여기기를 거부한 개별적인 몇몇 예술가들 덕분이라는 점을 말해 둬야 할 것이다. 경이롭고도 생생한 개성을 가졌으며 진정한 색깔을 품고 있는 문체를 갖추었고 단순히 흉내 내기에 그치는 것이 아니라 창조적이면서 지적인 창작을 이루어 내는 비범한 능력을 타고난 어빙은, 대중에게 그들이 원하는 것을 주는 것을 유일한 목적으로 두었다면 가장 대중적인 방식으로 가장 대중적인 희곡을 썼을 수도 있었고 누구라도 원할 만큼의 많은 부와 성공을 거머쥘 수도 있었다. 하지만 그의 목적은 그것이 아니었다. 그의 목적은 예술가로서 특정한 조건 아래서 특정한 형태의 예술을 통해 자기 자신의 완벽함을 실현해 내는 것이었다. 처음에 그는 몇몇 사람에게 호응을 받았고, 이제 그는 많은 사람에게 가르침을 주고 있다. 그는 대중 속에서 취향과 기질 둘 다를 만들어 냈다. 대중은 그의 예술적 성공을 엄청나게 감사하고 있다.

하지만 그 성공은 전적으로 그가 대중의 기준을 받아들이지 않고 자기 자신만의 기준을 실현한 데서 왔다는 것을 대중이 알기나 하는지 종종 의구심이 든다. 대중의 기준을 따랐더라면 라이시엄(Lyceum) 극장 역시도 런던의 대중 극장들 몇몇이 그렇듯 일종의 이류 노점이 되었을 것이다. 대중이 그 사실을 알고 있는 것인지 아닌지의 문제가 있기는 하지만, 그 취향과 기질은 어느 정도 대중 안에 자리를 잡았고, 대중은 이 자질들을 발달시킬 수 있게 되었다. 문제는 이것이다. 왜 대중은 더 문명화되지 않는 것일까? 그들에게는 능력이 있다. 그것을 가로막는 것이 무엇일까?

거듭 말하건대, 그들을 가로막는 것은 바로 예술가와 예술 작품에 대고 권위를 휘두르고자 하는 그들의 욕망이다. 라이시엄과 헤이마켓(Haymarket) 등 특정 극장에 올 때 대중은 제대로 분위기를 낸다. 런던의 극장마다 각기 자기들만의 관객층이 있는데, 이 두 극장에서는 개별적인 예술가들이 자신들의 관객들 안에서 예술에 걸맞는 기질을 만들어 내는 데 성공했던 것이다. 그렇다면 그 기질은 무엇인가? 그것은 바로 수용이라는 기질이다. 그뿐이다.

누구라도 예술 작품이나 그 작가에 대해 권위를 휘두르려는 마음을 가지고 작품에 접근한다면, 그는 그 작품에서 어떤 예술적인 감명도 얻지 못할 그런 자세를 가지고 있는 것이다. 예술 작품이 관객을 압도해야 하는 것이지, 관객이 작품을 압도하는 것이 아니다. 관객이 하는 일은 수용하는 것이다. 관객은 거장이 연주하는 바이올린이 되어야 한다. 그리고 자신의 아둔한 관점을, 자신의 어리석은 편견을, 예술이 무엇이 되거나 되지 말아야 한다는 터무니없는 생각을 보다 더 온전히 눌러 둘수록, 당해의 작품을 보다 잘 이해하고 감상하게 되는 것이다.

당연히 이는 극장에 드나드는 천박한 영국 대중을 보면 분명해진다. 하지만 소위 교육받은 사람들이라는 자들도 크게 다르지 않다. 식자의 생각에 예술이란 예술이었던 것에서 자연스럽게 유발된 것인 반면 새로운 예술 작품이 아름다운 것은 그것이 예술이 가지 않았던 영역을 담고 있기 때문이므로, 그 작품을 과거의 잣대로 재려 하는 것은 그것을 거부했을 때 비로소 그 작품이 진정으로 완전해지는 그런 것을 잣대로 하여 재는 것/그 작품이 진정으로 완전해지기 위해서는 거부해야 마땅한 그런 것을 잣대로 하여 재는 것과 마찬가지인 것이다.

창조적인 매체를 통해서, 그리고 창조적인 조건 아래서, 새롭고 아름다운 인상을 받아들일 수 있는 기질만이 예술 작품의 가치를 알아볼 수 있는 기질이다. 그리고 이는 조각이나 회화를 감상할 때도 해당하지만, 드라마 같은 예술을 감상할 때는 더더욱 그렇다. 그림과 조각상은 시간과 다투지 않기 때문이다. 그림과 조각은 시간의 연속에 구애받지 않는다. 한순간에 그 통일성이 파악될 수 있다. 하지만 문학의 경우는 다르다. 시간을 가로질러야만 효과의 통일성이 일어날 수 있다. 그렇기 때문에 드라마에서는 1막에서 관객들이 알아차리지 못했던 진정한 예술적 가치가 3막, 4막에 가서야 이해될 수 있는 것이다. 어리석은 자처럼 화를 내고 소리를 지르면서 연극을 방해하고 예술가의 성을 돋우어야 할까? 아니다. 정직한 사람이라면 조용히 앉아서 궁금함, 호기심, 긴장감이라는 즐거운 기분을 만끽할 것이다. 그는 천박하게 성질을 부리려고 연극을 보는 것이 아니다. 그는 예술적인 기질을 실현하기 위해 연극을 보는 것이다. 그는 예술 작품의 판관이 아니다. 그는 예술 작품을 관조하는 것을 인정받은 사람이며, 작품이 좋다면 그 관조 속에서 자신을 망치는 독단, 무지의 독단 즉 자기가 알고 있는 것의 독단을 잊게 된다.

드라마의 이러한 점은 제대로 알려지지 않은 것 같다. 만약 『맥베스』가 현대의 런던 관객들 앞에서 처음 공연되었더라면, 많은 관객이 1막에서 괴기한 대사와 우스꽝스러운 단어들을 뱉으며 등장하는 마녀들에게 필사적으로 반대했을 것이라고 확신한다. 하지만 연극이 끝나고 나면 『맥베스』에 나오는 그 마녀들의 웃음이야말로 『리어왕』의 광기 어린 웃음만큼이나 오싹하고 무어인의 비극에 나오는 이아고의 웃음보다 더 끔찍하다는 것을 알게 될 것이다. 누구보다도 더 완벽한 수용력을 필요로 하는 관객이 바로 연극 관객이다. 권위를 행사하려 드는 순간 그는 자칭 예술과 자기 자신에 대한 적이 된다. 예술은 상관하지 않는다. 괴로운 것은 자기 자신이다.

소설에서도 마찬가지다. 대중적 권위와 대중적 권위를 인정하는 것은 치명적이다. 새커리의 『에스몬드』가 아름다운 작품인 이유는 그가 자기 자신의 기쁨을 위해서 썼기 때문이다. 새커리의 다른 소설들인 『팬더니스』에서, 『필립』에서, 『허영의 시장(Vanity Fair)』에서조차 때때로 그는 너무도 대중을 의식했고 대중의 공감에 직접 호소함으로써, 혹은 그

『맥베스』 4막을 표현한, 조슈아 레이놀즈(Sir Joshua Reynolds) 작품(1786)

들을 직접 조소함으로써 작품을 망쳐 버렸다. 진정한 예술가라면 대중을 어떤 식으로도 의식하지 않는다. 대중은 그에게 존재하지 않는 존재다. 그에게는 괴물을 잠재우거나 배불릴 나른하거나 달콤한 케이크가 없다. 그는 그것을 대중 소설가의 몫으로 남겨 둔다.

지금 영국에서 우리가 알고 있는 바로는 비할 데 없는 소설가 1명이 조지 메러디스다. 프랑스에는 더 나은 작가들이 있지만, 그곳에는 삶의 관점이 그 정도로 크고 다양하고 창의적으로 진실인 사람은 없다. 러시아에는 소설 속의 고통이 무엇인지에 대해 더욱 생생한 감각을 가진 이야기꾼들이 있다. 하지만 메러디스에게는 소설 속의 철학이 있다. 그의 인물들은 단순히 사는 것이 아니라, 사유 속에서 살아간다. 그들은 수많은 관점에서 볼 수 있다. 그들은 시사하는 바가 많다. 그들 안과 주변에는 영혼이 있다. 그들은 해석적이고 상징적이다. 그리고 그들을, 그 멋지고 전개가 빠른 그 인물들을 만든 그 작가는 자기 자신의 기쁨을 위해 그들을 만들었고, 결코 대중에게 그들이 원하는 것을 묻지 않았고, 그들이 원하는 것을 알려고 하지 않았으며, 그들이 자신에게 지시하거나 어떤 식으로도 영향을 끼치도록 내버려 두지 않았으며, 그저 계속해서 자기 자신의 개성을 강화하고 자신

만국산업박람회 풍자화(1851)

만의 개별적인 작품을 만들어 냈던 것이다. 처음에는 아무도 그를 반기지 않았다. 그런 것은 상관없었다. 나중에는 몇몇이 그를 찾았다. 그래도 그는 바뀌지 않았다. 이제는 많은 사람이 그를 찾는다. 그는 여전히 똑같다. 그는 비할 데 없는 소설가다.

장식 예술에서도 크게 다르지 않다. 대중은 정말 한심하게 고집을 부리면서 내게는 국제적인 천박함의 만국산업박람회에서 직접 파생된 전통으로 보이는 것들, 눈먼 사람들이나 살 법한 그런 집들에서 사는 끔찍한 전통들에 집착하고 있다. 아름다운 것들이 만들어지기 시작했고, 염색가의 손에서 아름다운 색이, 예술가의 머릿속에서 아름다운 무늬가, 그리고 아름다운 것들의 쓰임과 가치와 중요성이 나타나기 시작했다.[11] 대중은 진실로 너무도 분개했다. 그들은 머리끝까지 차올랐다. 그들은 어리석은 소리들을 지껄였다. 아무도 신경 쓰지 않았다. 아무도 그들보다 더 나쁘지 않았다.

---

11 1851년 만국산업박람회가 영국의 수정궁에서 당시 세계의 공장이었던 영국이 자국 제조업의 성과를 만방에 과시하기 위해 열렸다. 박람회장의 규모와 출품작의 양, 관람객 수는 대공업 시대를 완벽하게 보여 주었다. 그러나 박람회에 전시된 대량 생산품의 추함은 이루 말할 수 없이 끔찍했다. 당시 예술가는 산업과 거리가 멀었고, 장인들은 수공업에서 대공업으로 넘어가면서 전멸했다. 생산을 직접 담당하던 노동자들은 수공업의 장인이 될 수 없었다. 당시 노동자들은 하루 14시간 넘게 일했고 평균 수명은 20살을 넘기지 못했기에 예술에 대해 알 수 없었다. 이런 노동 환경에서 노동자들을 학살하던 제조 업자들이 사람에 대해서도 관심이 없는데 예술에 관심이 있을 리 없었다. 소년 윌리엄 모리스는 이 만국산업박람회에 방문했고 제품들의 추함에 진저리를 쳤다. 훗날 그는 장식 예술을 바꾸는 것을 시작으로 현대 디자인의 시조가 되었다. 19세기 후반에 만국산업박람회는 끔찍한 추함의 대명사였다. 그 끔찍함 때문에서 만국산업박람회는 윌리엄 모리스에서 바우하우스로 이어지는 현대 디자인의 계기가 되었다. 이 구절들은 오스카 와일드가 이런 디자인의 역사에 대해서 토로한 것이다.

아무도 여론의 권위를 받아들이지 않았다. 그래서 이제는 어떤 현대식 집에 가보더라도 좋은 취향에 대한 어느 정도의 인식을, 사랑스러운 주변의 가치에 대한 어느 정도의 인식을, 아름다움을 알아보는 어느 정도의 표식을 보게 된다. 사실 사람들의 집은 오늘날 일반적으로 상당히 매력적이다. 사람들은 아주 엄청난 정도로 문명화되어 왔다.

하지만 집을 꾸미는 것이나 가구 및 기타 등등에서 이루어진 혁명의 눈부신 성공은 대부분의 대중이 그런 쪽으로 아주 훌륭한 취향을 발달시켰기 때문이 아니다. 그 성공은 주로 공예가들이 아름다운 것을 만드는 데 심취했으며 대중이 그전에 원했던 흉측함과 천박함을 생생히 인식했다는 사실, 그리고 대중을 만족시키지 않고 그저 기사(幾死)시켰다는 사실에서 기인한다. 이제, 삼류 간이 숙박소에서 나온 중고 가구 매장을 훑지 않고서는 수년 전 그랬던 방식으로 방을 꾸미기 쉽지 않을 것이다. 그런 것들은 이제 제작되지 않는다. 사람들이 아무리 반대할지라도, 오늘날 그들 주변에는 매력적인 것들이 분명히 있다. 그들에게는 다행스럽게도, 이런 예술품들에 있어서 그들이 주장하던 권위는 완전한 비통에 잠겨버렸다.

그렇게, 이러한 것들에 있어서 모든 권위는 나쁘다는 것이 명백해졌다. 사람들은 때로 어떤 형태의 정부가 예술가들이 살 환경으로 가장 적합한지 묻는다. 이 질문에 대한 답은 단 하나다. 예술가에게 가장 적합한 형태의 정부란 무정부다. 예술가와 그의 작품 위에 선 권위는 우습다. 전제정하에서는 예술가들이 멋진 작품을 만든다고 얘기되어 왔다. 꼭 그러한 것은 아니다. 예술가들은 폭정을 당하는 신민으로서가 아니라 방랑하는 마법사로서, 매혹적인 방랑하는 개성으로서, 폭군을 마주하여 즐거움을 얻고, 매혹당하고, 고통받으면서 평화를 누리고 창조를 가능케 한다. 폭군 입장에서는, 그는 개인으로서 교양이 있을 수 있지만 괴물인 군중에게 교양이라고는 찾아볼 수 없다는 그런 말이 있다. 황제나 왕은 화가에게 붓을 주워 주기 위해 허리를 구부릴 수 있으나, 평민들이 허리를 구부리는 것은 그저 진흙을 던지려는 때뿐이라는 것이다. 그조차 평민들은 황제만큼 몸을 굽히지 않는다. 그들이 진흙을 집어 던지고자 할 때 그들은 전혀 수그리지 않는다. 하지만 군주와 군중을 구별할 필요는 없다. 모든 권위는 똑같이 나쁘기 때문이다.

폭군에는 3종류가 있다. 육체에 대해 폭정을 가하는 폭군이 있고, 영혼에 대해 폭정을 가하는 폭군이 있고, 영혼과 육체 모두에 폭정을 가하는 폭군이 있다. 첫째를 군주라 부른다. 둘째를 교황이라 부른다. 셋째를 민중이라 부른다.

군주는 교양을 갖추었을 수 있다. 많은 군주가 그랬다. 그래도 군주는 위험을 품고 있다. 베로나의 쓰라린 축제에서의 단테[12]나, 페라라의 광인 감옥에 갇힌 타소[13]를 보면 알 수 있다. 예술가라면 군주와 함께 살지 않는 것이 좋다.

교황은 교양을 갖추었을 수 있다. 많은 교황이 그랬고, 나쁜 교황들도 그랬다. 나쁜 교황은 거의 열정적으로, 아니, 좋은 교황들이 사상을 증오하는 만큼 열을 다해 아름다움을 사랑했다. 인류는 교황제의 사악함에 진 빚이 많다. 교황제의 좋은 점은 인류에게 끔찍한 빚을 졌다. 그래도 바티칸이 천둥이라는 수사는 지키고 벼락이라는 몽둥이는 잃었다 할지라도, 예술가는 교황과 함께 살지 않는 것이 좋다. 추기경 회의에서 첼리니에 대해 말하면서 관습법과 공통의 권위는 자신과 같은 인간들을 위해 만들어진 것이 아니라고 말했던 사람이 바로 교황이다. 하지만 바로 그 교황이 첼리니를

---

12 단테가 있던 피렌체는 교황 지지자인 흑파와 교황 반대자인 백파로 나뉘어져 있었는데 흑파가 권력을 장악하면서 단테는 뇌물 혐의로 사형에 처해질 운명에 놓였다. 단테는 이를 피해 베로나로 갔다.

13 이탈리아 시인으로 작품 『해방된 예루살렘』이 교리로부터 이탈했다는 추궁으로 인해 박해 공포증에 걸려서 피신하다가 감금 생활을 했다.

감옥에 몰아 넣었고, 첼리니는 그곳에서 분노로 병들었으며 스스로 환각을 만들어 내었고, 그래서 감방 안으로 금빛 태양이 들어오는 것을 보았고, 그 태양에 사로잡힌 나머지 탈출을 하려고 탑에서 탑으로 기어 다니다가 새벽녘 아찔한 허공에서 떨어져 불구가 되었으며 포도밭을 일구는 자에 의해 포도 잎에 덮인 채로 수레에 실려서 아름다운 것을 사랑하는 사람의 손에 보살핌을 받게 된 것이다. 교황들은 위험을 품고 있다.

민중에 대해 말해보자면, 그들과 그들의 권위가 무엇이란 말인가? 아마도 그에 대해 충분히 들어왔을 것이다. 민중의 권위는 눈멀고, 귀먹고, 끔찍하고, 기괴하고, 비극적이며, 우습고, 심각하고, 저속한 것이다. 예술가가 민중과 함께 산다는 것은 불가능하다. 모든 폭군은 금품을 푼다. 민중은 뇌물을 줄 뿐 아니라 야만적이기까지 하다. 누가 그들에게 권위를 행사하게끔 하였는가? 그들은 살고, 듣고, 사랑하라고 만들어진 것이다. 누군가 민중을 아주 잘못 만들어 놓았다. 그들은 자신들보다 못한 자들을 흉내 냄으로써 스스로를 망쳤다. 그들은 군주에게서 왕홀(王笏)을 빼앗았다. 그것을 어디다 쓸 것인가? 그들은 교황에게서 삼중관(三重冠)을 빼앗았다. 그 짐을 어찌 질 셈인가? 그들은 심장이 고장 난 광대와 다름없다. 그들은 영혼이 아직 태어나지 않은 사제와 다름없다. 아름다움을 사랑하는 모두여 그들을 안쓰러워하자. 그들 자신은 아름다움을 사랑하지 않으나, 그래도 그들이 스스로를 안쓰럽게 여기게 하자. 누가 그들에게 폭정의 장난을 가르쳤던가?

지적할 점은 이것 말고도 많다. 르네상스가 어떤 사회 문제도 해결하려고 하지 않고 그런 것과는 엉키지 않았으며, 대신 개인성이 자유롭고 아름답고 자연스럽게 성장하도록 허락했고, 그래서 위대하고 개별적인 예술가들, 위대하고 개별적인 인간이 성장하게 했기 때문에 그토록 위대했던 것임을 지적할 수도 있다. 어떻게 루이 14세가 현대적 국가를 만들어 냄으로써 예술가의 개인주의를 파괴하고, 사물을 그 단조로운 반복 속에서 끔찍하게 만들고 통치에 순응하며 그 안에서 경멸스럽게 만들고, 프랑스 전역에서 전통을 아름다움 면에서 새롭게 하고 고풍스러운 형태에 새로운 형식을 불어 넣었던 그 훌륭한 표현의 자유를 파괴했는지 지적할 수도 있다.

자유로운 영혼과 미학

과거는 중요하지 않다. 중요한 것은 현재다. 우리가 마주해야 하는 것은 바로 미래다. 과거는 인간이 그러지 말았어야 했으나 그랬던 것이다. 현재는 인간이 되지 말아야 할 것이다. 미래는 바로 예술가의 몫이다.

물론 여기 설명된 그러한 계획이 상당히 비실용적이며 인간 본성에 거스른다는 말이 나올 수도 있을 것이다. 그 말은 완벽하게 옳다. 그것은 비실용적이며, 인간 본성에 거스른다. 그래서 그것을 수행할 가치가 있으며, 그래서 그것을 제안하는 것이다. 무엇이 실용적인 계획이란 말인가? 실용적인 계획이란 이미 존재하는 계획이거나 현존하는 조건 아래서 수행될 수 있는 계획을 말한다.

하지만 바로 그 현존하는 조건에 반대하겠다는 것이며, 그 조건을 수용하는 계획이라면 잘못되고 어리석다는 것이다. 그 조건들은 제거될 것이며, 인간 본성은 바뀔 것이다. 인간 본성에 대해서 진실로 알고 있는 것이라고는 인간 본성이 변한다는 것뿐이다. 변화는 우리가 인간 본성에 대해 예측할 수 있는 하나의 성질이다. 실패한 체제는 인간 본성의 성장과 발전이 아닌 영구성에 의존했던 체제였다. 루이 14세의 착오는 그가 인간 본성은 항상 똑같을 것이라고 생각한 점이었다. 그 착오의 결과가 프랑스 혁명이었다. 경이로운 결과였다. 정부가 하는 실수들의 모든 결과는 상당히 경이롭다.

그리고 개인주의가 올 때는 의무에 관해서 어떤 병적인 위선도 없는데, 이 위선이란 단순히 다른 사람들이 원한다는 이유만으로 그들이 원하는 것을 하라는 의미일 뿐이다. 또한 개인주의가 올 때는 자기 희생에 관한 어떤 끔찍한 위선도 없는데, 이 위선은 단순히 야만적인 훼손에서 살아남는 것을 의미한다. 개인주의가 올 때는 어떤 요구도 하지 않는다. 그저 자연스럽고 필연적으로 인간에게서 나오는 것이다. 그 점이 바로 모든 발전이 지향하는 점이다. 그것이 바로 모든 조직체가 자라서 향해 가는 분화인 것이다. 그것이 바로 모든 삶의 형식에 내재되어 있으며 모든 삶의 형식이 서둘러 향해 가는 완벽성인 것이다.

그래서 개인주의는 인간에게 강요하지 않는다. 오히려 개인주의는 인간에게 어떤 강제도 행사당하지 말 것을 얘기한다. 개인주의는 사람들에게 선해지라고 강요하려 하지 않는다. 개인주의는 사람들이 내버려 두면 선하다는 것을 알고 있다. 인간은 스스로로부터 개인주의를 발전해 갈 것이다. 지금 인간은 그렇게 개인주의를 발전시켜 나가고 있다. 개인주의가 실질적인가를 묻는 것은 진화가 실질적인가를 묻는 것과 같다. 진화는 생명의 법칙이며 모든 진화는 개인주의를 향해 간다. 이 성향이 발현되지 않는 곳은 바로 인위적으로 구속된 발전, 질병, 죽음의 경우다.

개인주의는 또한 이기적이지 않고 영향을 받지 않는다. 권위를 이례적으로 휘두른 결과, 가운데 하나가 바로 언어가 적절하고 단순한 의미로부터 절대적으로 왜곡되어 그 옳은 의미를 반대되는 것을 표현하는 데 쓰이는 점이다. 예술에서 사실인 것은 삶에 대해서도 사실이다. 오늘날 어떤 사람은 자기가 좋아하는 대로 옷을 입으면 영향을 받았다고 불린다. 하지만 그렇게 하면서 그 사람은 완벽하게 자연스러운 방식으로 행동하고 있는 것이다. 그런 의미에서의 영향받음은 남들의 시선에 따라 옷을 입는 것으로 이루어지며, 이 시선은 다수의 시선이므로 아마도 극도로 어리석을 것이다.

혹은 어떤 사람의 삶에서 최고의 목표가 자신의 발전이라고 했을 때 그 사람이 자신의 개성을 온전히 실현하는 데 가장 적합하게 보이는 방식으로 산다면, 그는 이기적이라고 불린다. 하지만 이것이 모두가 살아야 하는 방식이다. 이기적이란 것은 자기가 바라는 대로 살지 않는 것이 아니라, 남들에게 자기가 바라는 대로 살기를 요구하는 것이다. 그리고 이기적이지 않음은 다른 사람들을 내버려 두는 것, 그들에게 개입하지 않는 것이다. 이기적임은 언제나 자기 주변을 절대적인 획일성을 가진 유형들로 만들어 내고자 한다. 이기적이지 않음은 다양한 유형들을 흡족하게 여기며, 그것을 받아들이고, 그것에 따르며, 그것을 즐거이 누리는 것이다. 자신을 위하는 것은 이기적인 것이 아니다. 자기를 위해 생각하지 않는 사람은 아예 생각을 하지 않는 사람이다. 남들에게 자기가 생각하는 것과 같은 방식으로 생각하라고, 그래서 같은 의견을 가져야 한다고 요구하는 것은 무지하게 이기적이다. 왜 그가 그래야 하는가? 그가 생각할 수 있다면, 그는 아마 다르게 생각할 것이다. 그가 생각할 수 없다면, 그에게서 어떤 형태든 사고를 요구하는 것은 잔혹한 일이다. 빨간 장미가 스스로 빨간 장미가 되기를 원한다고 해서 그것을 이기적인 것이라 할 수는 없다. 빨간 장미가 정원의 다른 모든 꽃에게 빨간색일 것, 장미일 것을 원한다면 그것은 끔찍하게도 이기적인 것이 될 것이다.

개인주의가 오면 사람들은 상당히 자연스럽고 절대적으로 비이기적이 될 것이며, 단어의 의미를 알게 될 것이고, 자유롭고 아름다운 삶에서 그것을 실현할 것이다. 사람들은 지금처럼 자기중심적이지 않을 것이다. 자기중심적인 사람은 다른 사람들에게 요구하는 사람이며, 개인주의자란 그런 것을 하기를 원하지 않을 것이기 때문이다. 그런 것은 개인주의자에게 기쁨을 주지 않는다.

인간이 개인주의를 실현하고 나면, 그는 또한 공감을 실현하고 그것을 자유롭고 자연스럽게 행사할 것이다. 현재까지 인간은 공감을 거의 전혀 기르지 못했다. 그저 단순히 고통에 공감할 뿐이며, 고통에 대한 공감은 높은 형태의 공감이 아니다. 모든 공감이 좋으나, 고통 받는 것에 공감하는 것은 그 좋음의 최하 형식이다. 그 공감에는 자기중심주의가 묻어 있다. 그 공감은 병적으로 변하기 쉽다. 그 공감 안에는 우리 자신의 안전에 대한 어떤 공포의 요소가 들어 있다. 우리는 우리 자신이 나병 환자나 장님이 될까 봐, 그리고 아무도 우리를 돌봐 주지 않을까 두려워 하게 된다. 이 공감은 희한하게도 제한적이기도 하다. 단지 삶의 쓰라림과 병폐만이 아니라 삶의 기쁨과 아름다움, 에너지, 건강, 자유에도, 삶의 전체에도 공감할 수 있어야 한다. 물론 공감은 더욱 넓어질 수록 더욱 어려워진다. 그것은 더 많은 비이기적임을 요구한다. 누구든 지인의 고통에는 공감할 수 있으나, 지인의 성공에 공감하려면 아주 훌륭한 본성, 진정한 개인주의자의 본성이 요구되는 것이다.

경쟁과 자리 다툼에서 오는 현대의 스트레스 안에서는 그러한 공감이 당연히 드물 수밖에 없으며, 사방에서 횡행하며 아마도 영국에서 가장 추악할 것이 분명한 유형의 획일성과 통치에의 순응이라는 비도덕적인 이상으로 인해 너무도 억눌려 있다.

물론 고통에 대한 공감은 언제나 있을 것이다. 그것은 인간의 첫 번째 본능 중 하나다. 개성 있는 동물들, 말하자면 보다 더 고차원적인 동물들은 이 공감을 우리와 공유한다. 하지만 기억해야 할 것은, 기쁨에 대한 공감은 세상에 있는 기쁨의 합을 더해 주는 반면 고통에 대한 공감은 고통의 양을 실제로 줄이지 않는다는 것이다. 그 덕분에 인간이 악을 더 잘 견딜 수 있게 될 수는 있으나, 악은 여전히 남는다. 폐결핵에 공감하는 것이 폐결핵을 치료해 주지는 못한다. 그것은 과학이 하는 일이다. 사회주의가 빈곤 문제를 해결하면,

과학은 질병 문제를 해결할 것이며 감상주의자들이 줄어들고 인간의 공감은 커지고, 건강해지고, 자연스러워질 것이다. 인간은 타인의 기쁜 삶에 대해 생각하면서 기쁨을 찾게 될 것이다.

미래의 개인주의는 기쁨을 통해서 스스로를 발전시킬 것이기 때문이다. 그리스도는 사회를 재건하려고 시도하지 않았으며, 결과적으로 그리스도가 인간에게 설교했던 개인주의는 고통을 통해서나 고독 속에서만 실현될 수 있었다. 우리가 그리스도에게 빚지고 있는 이상은 사회를 온전히 버린 인간의 이상, 혹은 사회에 절대적으로 저항하는 인간의 이상이다. 하지만 인간은 자연적으로 사회적이다. 테바이드[14]조차 결국에는 사람들로 가득 차게 되었으니 말이다. 그리고 수도사가 자신의 개성을 실현한다 할지라도, 대개는 그가 실현하는 것은 빈곤한 개성이다. 반면 가혹한 진실은 고통이란 인간이 스스로가 세상 위에 멋진 매혹을 행사할 수 있다는 것을 깨닫게 해 주는 양식이라는 것이다.

설교대와 강연대에 선 얄팍한 설교자들과 얄팍한 사상가

---

14 이집트의 도시 테베를 중심으로 한 지방의 옛 이름인 테바이드(Thebaid)는 초기 그리스도교 시대 많은 수도사가 이곳의 사막으로 피하여 명상과 금욕 생활을 했다.

우피치 갤러리에 소장된 프라 안젤리코의 〈테바이드〉

들은 세상이 즐거움을 숭배하는지 종종 말하며 못마땅하게 푸념한다. 하지만 세계사에서 그 이상이 기쁨이나 아름다움이었던 적은 거의 없다. 고통에 대한 숭배가 훨씬 더 자주 세상을 지배해 왔다. 성자들과 순교자들과 더불어 고행에 대한 사랑, 자해에 대한 야만적 열정, 칼로 베고 회초리를 갈기는 중세주의야말로 진정한 기독교이며 중세 그리스도야말로 진정한 그리스도다.

르네상스가 세상에 빛을 내리기 시작하면서 삶의 아름다움과 사는 것의 기쁨이라는 새로운 이상을 들고 나오자, 인간들은 그리스도를 이해할 수 없게 되었다. 예술에서까지 그것을 볼 수 있다. 르네상스의 화가들은 그리스도를 궁전이나 뜰에서 다른 소년과 놀고 있거나 어머니의 품 안에 누워서 어머니에게 혹은 꽃을 보며, 혹은 밝은 새를 향해 웃음을 짓는 어린 소년으로 그리거나, 혹은 세상을 향해 고귀하게 나아가는 위엄 있는 인물인 귀족으로 그리거나, 혹은 일종의 황홀경에 빠진 채 죽음에서 되살아나는 멋진 인물로서 그렸다. 십자가에 못 박힌 그리스도를 그릴 때조차 그들은 그가 사악한 인간들에 의해 고통을 입은 아름다운 하느님의 모습으로 그렸다. 하지만 그리스도는 그들을 사로잡지 않았다.

그들을 기쁘게 한 것은 자신들이 경외하는 남녀를 그리는 것, 그리고 이 사랑스러운 세상의 사랑스러움을 보여 주는 것이었다. 그들은 다수의 종교화를 그렸으며, 실제로 과하게 많이 그렸고, 그 형식과 동기의 단조로움은 지루하며 예술에 걸맞지 않는다. 이는 예술품에서 대중의 권위가 작용한 결과였으며, 한탄스러운 일이다. 하지만 그들의 영혼은 이 주제에 있지 않았다.

라파엘이 교황의 초상화를 그렸을 때 그는 위대한 예술가였다. 그가 성모 마리아와 아기 예수 그림들을 그렸을 때 그는 전혀 위대한 예술가가 아니었다. 그리스도가 르네상스에 던진 전언은 없었으며 르네상스가 멋진 이유는 그것이 그리스도의 이상과 충돌하는 이상을 가져왔기 때문이고, 그래서 진정한 그리스도의 표현을 찾으려면 중세 예술로 가야하는 것이다. 중세 예술의 그리스도는 불구이고 상처 입은 몸으로, 그는 바라보기에는 아름답지 않았는데, 이유는 아름다움은 기쁨이기 때문이다. 또한 그는 제대로 된 의복을 걸치고 있지 않은데 이는 그 역시 기쁨일 수 있기 때문이다. 그는 놀라운 영혼을 가진 거지이고, 성스러운 영혼을 가진 나병 환자다. 그는 재산도 건강도 필요로 하지 않았다. 그는 고통을 통해서 완벽함을 실현하는 하느님이다.

라파엘로 산치오가 그린 〈그란두카의 성모마리아〉(1505)

인간의 진화는 느리다. 인간의 불의는 거대하다. 고통이 자기 실현의 형식으로서 앞서 놓이는 것이 필요했다. 오늘날에조차, 세계 어떤 곳에서는 그리스도의 전언이 필요하다.

현대 러시아에 사는 어느 누구도 고통 외의 것으로 완벽을 실현하는 것은 불가능할 것이다. 몇몇 러시아 예술가들은 예술에서, 지배적인 어조가 고통을 통한 인간의 실현이므로 그 인물들이 중세적인 소설 속에서 자기 자신을 실현했다. 하지만 예술가가 아닌 사람들로서는, 실제 현실의 삶 외의 다른 삶의 방식이 없는 사람들로서는, 고통이란 완벽을 향한 유일한 문이다. 현재의 정부 체제 아래서 행복하게 사는 러시아인이 있다면, 그는 인간에게는 영혼이 없다고 믿거나, 영혼이 있어도 발전시킬 가치가 없다고 믿는 것이 분명하다. 권위가 사악하다는 것을 알기에 모든 권위를 부정하며 고통을 통해서 개성을 실현할 수 있기에 고통을 반기는 허무주의자는 진정한 기독교인이다. 그에게 기독교적인 이상이란 진실된 것이다.

그래도 그리스도는 권위에 대항하지 않았다. 그는 로마 제국이 지닌 제국의 권위를 받아들이고 공물을 바쳤다. 그는 유대 교회의 교회적 권위를 견뎠고 그들의 폭력을 자신의 어떤 폭력으로도 갚지 않으려 했다. 앞서 말했듯 그는 사회를 재건할 어떤 계획도 가지고 있지 않았다.

하지만 현대의 세계에는 계획이 있다. 그것은 빈곤과 그것에 수반되는 고통을 없애자고 제안한다. 그것은 그 방식으로 사회주의와 과학을 취한다. 그것이 목표로 하는 것은 기쁨을 통해 자신을 표현하는 개인주의다. 이 개인주의는 지금까지의 어떤 개인주의보다 더 넓고, 더 가득하고, 더 사랑스러울 것이다. 고통은 완벽의 궁극적인 형태가 아니다. 고통은 그저 일시적인 것, 저항인 것이다. 고통은 잘못되고 건강하지 못하고 부정한 환경을 가리킨다. 잘못된 것, 질병, 불의가 제거되면, 고통은 갈 곳이 없다. 고통은 제 할 일을 다한 것이다. 엄청난 일이었으나, 거의 끝났다. 매일 고통의 반경은 줄어든다.

인간은 고통을 그리워 하지도 않을 것이다. 인간이 추구하는 것은 고통도 즐거움도 아닌 그저 삶이기 때문이다. 인간은 강렬하게, 충만하게, 완벽하게 살기를 추구해 왔다. 그가 타인에게 억제를 가하지 않고 고통받지 않고서도 그렇게 살 수 있을 때, 그리고 그의 모든 활동이 그에게 흡족할 때, 인간은 더 건전하고 더 건강하고 더 문명화되고 더 자기 자신일 수 있을 것이다. 즐거움은 자연의 시험이자 자연이 주는 승인의 신호다. 인간은 행복할 때 그 자신이나 환경과 조화를 이룬다.

새로운 개인주의는 의지가 있든 없든 사회주의가 작동하고 있기에 완벽한 조화가 될 것이다. 새로운 개인주의는 그리스인들이 추구했지만, 노예를 거두고 먹이느라 사상 속에서밖에 온전히 실현할 수 없었던 그것이 될 것이며, 르네상스인들이 추구했지만, 노예를 거두고 굶기느라 예술에서밖에 온전히 실현할 수 없었던 그것이 될 것이다. 새로운 개인주의는 온전할 것이고, 그것을 통해 인간은 각자 자신의 완벽을 얻게 될 것이다. 한마디로 새로운 개인주의는 새로운 헬레니즘이다.

옮긴이 해제

오스카 와일드의 개인주의와
유미주의를 푸는 열쇠

오스카 와일드의 개인주의와
유미주의를 푸는 열쇠인 사회주의

오스카 와일드 하면 우리에게 떠오르는 이미지는 사회를 무시하는 개인주의와 예술을 위한 예술을 추구하는 유미주의다. 이런 이미지를 가지고 오스카 와일드의 『사회주의에서의 인간의 영혼』을 접하면 제목부터 당황스럽다. 오스카 와일드는 개인주의자인 데다가 유미주의자이니 반공 에세이를 적었나 하고 급하게 결론을 내릴 사람도 있을지 모르겠다.

오스카 와일드의 『사회주의에서의 인간의 영혼』이 사회주의가 아니라 개인주의, 저항과 무정부주의를 높이 평가했다는 유의 주장들이 많은데 이는 이 텍스트를 완전히 잘못 읽은 것이다. 차분하게 후기 빅토리아 시대라는 맥락을 놓치지 않고 『사회주의에서의 인간의 영혼』을 읽어 보면 사회주의가 오스카 와일드의 개인주의와 유미주의의 의미를 풀 수 있는 열쇠임을 알게 된다.

이 에세이는 19세기에 산업 자본주의로 인해 고통 받던 영국 인민들의 고통을 해결하기 위해 진행되던 개인주의, 민주주의, 사회주의 논쟁 한가운데에서 당대 영국 최고의 문필가였던 오스카 와일드가 정치 논쟁에 참가한 결과물이다. 빅토리아 후기 시기의 사회주의, 개인주의, 민주주의에 관한 논쟁의 일부로 미학과 정치학 사이의 긴장을 팽팽하게 유지한 걸작이다. 오스카 와일드는 자신의 미학 이론을 간결하게 강의하는 방법으로 영국 사회에 정치적 해법을 제시했다.

오스카 와일드와 영국 사회주의

19세기 영국은 노동자 지옥이었다. 영국에서 사회주의 관련된 논쟁이 활발하게 시작되었던 이유는 당시 처참한 영국 인민들의 상황을 보면 바로 알 수 있다. 당시 상황의 기록을 보자.

사실 초기의 공장 노동을 지배한 노동 조건에 대한 이

94

야기는 현대의 독자라면 머리카락이 곤두설 정도로 끔찍하다. 1828년에 당대의 급진적 잡지 중 하나인 《라이언(The Lion)》은 로버트 블린코의 믿을 수 없는 인생 역정을 보도했다. 그는 로덤의 공장으로 보내진 80명의 극빈 가구 자녀들 가운데 한 사람이었다. 10살 안팎의 이 소년 소녀들은 사소한 잘못뿐 아니라 그들이 종사하는 침체 산업(flagging industry)을 살리기 위해 밤낮없이 채찍질 당했다. 하지만 블린코가 나중에 옮겨간 리튼의 한 공장에 비하면 로덤의 노동 조건은 차라리 인간적인 것이었다. 리튼에서 아이들은 꿀꿀이죽을 먹기 위해 여물통에서 돼지들과 함께 뒹굴었다. 그들은 발길질과 주먹질 그리고 성폭력에 시달렸다. 이들의 고용주인 엘리스 니덤이라는 사람은 아이들의 귀를 못으로 뚫는 소름 끼치는 버릇을 가진 자였다. 그 공장의 십장은 더 고약했다. 그는 블린코의 팔목을 기계에 매달아 무릎이 굽도록 만들었고, 어깨에는 무거운 추를 올려 놓았다. 그 아이와 동료 일꾼들은 겨울의 추위 속에서도 거의 벌거벗은 상태로 지냈고, 순전히 십장의 가학증을 과시하는 듯 모두 이빨이 부러져 있었다.

　물론 이러한 무시무시한 야만성은 일상적이었다기보

다는 예외적인 경우였다. 개혁의 열정 때문에 표현이 사실보다 과장되었으리라는 의심도 간다. 하지만 어느 정도의 과장을 감안하더라도 이 이야기는 가장 냉혹한 비인간적 행태가 세상의 자연스러운 질서로 받아들여지고 아무런 관심의 대상도 되지 못하던 사회 분위기를 잘 보여 준다. 하루 16시간의 노동이 일반적이었기 때문에 노동자들은 아침 6시에 무거운 걸음을 이끌고 공장에 와서는 밤 10시가 되어서야 터벅터벅 집으로 향했다. 게다가 정말 심한 모멸감을 느끼게 하는 사례를 들면, 많은 공장주가 종업원들에게 시계를 차고 다니지 못하게 했다. 공장에 단 하나 있는 공용 시계는 이상하게도 몇 분 안 되는 식사 시간에만 빨리 가는 경향이 있었다. 아마도 가장 부유하고 선견지명 있는 기업인이라면 이러한 지나친 상황에 개탄했을 것이다. 하지만 이들이 부리는 공장장이나 경쟁의 압박에 짓눌린 자들은 이런 광경에 무심했던 것 같다.

끔찍한 노동 조건만이 동요의 원인은 아니었다. 이제는 기계가 분노의 대상이 되었다. 기계란 노동자의 일손을 아무런 불평도 할 줄 모르는 강철로 대체한다는 것을 의미했다. 이미 1779년에 8,000여 명의 노동자들로 이뤄진

폭도가 기계의 냉혹하고 무자비한 효율성에 맹목적인 적
개심을 가지고 한 공장을 급습, 불태운 일이 있었다.[1]

마르크스가 『자본론』 1권에서 인용한 당시의 맨체스터
보건 관리 리의 말을 다시 보면, 마르크스가 『자본론』을 왜
쓰게 되었는가도 이해하게 된다.

> 노동자들의 수명이 가장 짧은 곳은 바로 대공업이다.
> 맨체스터 보건 관리 리의 말에 따르면,
> "맨체스터의 평균 수명은 …… 상층 중간 계급이 38세
> 인 데 반해 노동자 계급은 17세에 불과하다. 리버풀에
> 서는 전자는 35세, 후자는 15세다. 따라서 부유한 계층
> 의 수명은 더 불리한 조건에 처한 시민들의 수명에 비해
> 2배 이상 길다."[2]

노동자 평균 수명이 15세밖에 안 되는 영국 노동자의 상
황을 보면서 마르크스는 혁명을 꿈꾸면서 『자본론』을 서술

1 로버트 L. 하일브로너 지음, 장상환 옮김, 『세속의 철학자들』, 이마고,
2006, pp. 138-139.
2 칼 마르크스 지음, 김수행 옮김, 『자본론』 1권, 비봉, 2015, p. 874.

했다. 오스카 와일드의 동화 속 '행복한 왕자'는 온몸에 금박을 두르고 눈과 칼 장식에 값비싼 사파이어와 루비로 치장하고 시내 어디서나 볼 수 있는 높은 대 위에 서서 시내 구석구석의 비참하고 가난한 사람을 보고 깊은 슬픔에 잠겨 있다. 이 동화에서 '행복한 왕자'가 보고 있는 것은 작가 오스카 와일드가 시내 구석구석에서 본 것들이다. 그러나 오스카 와일드의 사회주의는 한국인이 사회주의라는 단어를 들었을 때 흔히 떠올리는 혁명적 마르크스주의가 아니라 영국 전통에서 나온 개량적 페이비언 사회주의다.

페이비언 사회주의의 용어 유래는 로마 장군 파비우스(Fabius)에서 왔다. 한니발이 이끄는 카르타고와의 전쟁에서 로마 장군 파비우스는 맞서 싸우지 않고 싸움을 지연시키고 소모전을 통해 한니발을 서서히 고사(枯死)시켜서 전쟁에서 승리했다. 페이비언 사회주의는 혁명이 아니라 의회 등을 통한 장기간의 사회 개혁을 통해서 사회를 변화시키는 사회주의다.

페이비언 사회주의의 정신적인 시조는 존 스튜어트 밀이다. 존 스튜어트 밀은 『사회주의론』에서 다음과 같이 사회 변화라는 **"목표로 가는 과정은 느리게 이루어질 수밖에 없다고 확신"**하고 있었다.

한 가지 확실한 것은 공산주의가 성공하기 위해서는 공동체 구성원 모두에게 높은 수준의 도덕 교육과 지성 교육 2가지가 모두 요구된다는 점이다. 즉 유인책을 통해서가 아니라 자기 협동체의 전체 이익에 참여하고 그 협동체에 대한 의무감과 공감으로써 삶의 노동에서 정직하고 정력적으로 자기 몫을 하기 위한 자격을 스스로 갖추는 도덕성, 그리고 먼 미래의 이익을 가늠하고 복잡한 문제들을 다룰 수 있는 능력을 스스로 갖추고 이 문제들에 관해 좋은 조언과 나쁜 조언을 적어도 충분히 분간할 수 있는 지성을 말한다. 나는 이런 일들에서 암시되고 있는 것과 같은 교육과 교양을 국가의 모든 개인이 유산으로 받는 것이 불가능하다는 생각을 완전히 거부한다. 그러나 나는 그것이 어려운 일이고 우리의 현재 조건에서 **그 목표로 가는 과정은 느리게 이루어질 수밖에 없다고 확신**한다.[3] (강조: 인용자)

오스카 와일드의 『사회주의에서의 인간의 영혼』은 존 스

---

3 존 스튜어트 밀 지음, 정홍섭 옮김, 『존 스튜어트 밀의 사회주의론』, 좁쌀한알, 2018, pp. 114-115.

튜어트 밀을 시조로 하여 발전한 페이비언 사회주의를 골간으로 세워진 영국 사회주의 주류 전통 속에서 나온 것이다.

　마르크스주의는 영국에서 대세였던 적이 단 한 번도 없었다. 마르크스는 영국 사회가 자신의 사상을 알아주지 않아 가난 속에서 죽어 갔고, 엥겔스는 노년을 영국에서 보내면서 카를 마르크스의 딸인 엘레노아 마르크스와 윌리엄 모리스 등과 교류하며 영국에서 마르크스주의 운동을 직간접적으로 지원했지만 성과가 거의 없었다. 현재 급진 좌파로 알려진 영국 노동당 당수인 제레미 코빈은 끊임없이 마르크스주의자라는 공격을 받고 있고 그때마다 자신은 결코 마르크스주의자가 아니라는 방어를 철저하게 해 오고 있다. 영국에서는 양당 체제를 지탱하는 한 축인 노동당 정치인도 마르크스주의자로 낙인찍히면 정치 생명이 끝난다. '코빈은 마르크스주의자'라는 공격을 받으면 코빈은 자신은 경제학자 마르크스도 알고 애덤 스미스도 읽는다는 식으로 방어를 한다.[4] 사회주의를 공개적으로 천명하는 급진 좌파

---

4 The Marx Brothers_Jeremy Corbyn joins John McDonnell in praising Communist icon's work. Telegraph,2017. 5. 8.
www.telegraph.co.uk/news/2017/05/08/marx-brothers-jeremy-corbyn-joins-john-mcdonnell-praising-communist/

정치인 제레미 코빈이 대표로 있는 영국 노동당의 사회주의
가 지금도 빅토리아 후기 시대의 자유주의 사상인 페이비
언 사회주의에서 벗어나지 않고 있다는 것을 잘 드러내 주
는 사례다. 영국 노동당은 영국이라는 자본주의 국가의 보
수 양당 체제의 한 축을 구성하고 있다. 페이비언 사회주의
는 영국 노동당의 사실상의 창당 이념으로 혁명을 부정한
다. 사회 변화를 개혁으로 끊임없이 이루어 나가자는 정치
노선이다. 이 페이비언 사회주의를 이해해야 오스카 와일드
가 미래의 '사회주의에서의 인간의 영혼'이 어떻게 자유롭게
될 것이라 생각했는지 알 수 있다.

페이비언 사회주의는 '기계가 사람을 대체'해야 하는데
이를 위해서 사람을 기계보다 소중히 여기는 사회주의가 되
어야 한다고 주장한다. 페이비언 사회주의자인 애니 베전트
(Annie Besant)는 「사회주의하에서의 산업」이란 글에서 '진
보의 도정이란 모든 생산 부문에서 기계가 사람을 대체하
는 것'이라고 주장했다.

더욱이 가장 혐오스럽고 고된 일들 가운데 많은 것은
노예 계급을 활용하는 것이 더 싸지 않다면, 오늘날 보듯
기계로 수행할 수 있다. 굴뚝 청소에 어린 소년들을 활용

하는 것이 불법이 되자 굴뚝 청소가 중단된 것이 아니라 굴뚝 청소를 위한 기계가 발명되었다. 탄광 일도 사람이 누워서 머리 위로 석탄을 캐내며 창졸간에 발생할 수 있는 생명의 위험을 무릅쓰는 대신, 기계가 할 수 있을 것이다. 그러나 기계의 가격이 사람의 가격보다 훨씬 비싸기 때문에, 광부들은 아직도 떨어져 내리는 석탄 더미에 가슴이 으깨지는 위험을 감수해야 한다. 사회주의하에서 사람의 생명과 신체는 기계보다 더 소중한 가치를 지닐 것이고, 과학은 사람을 기계로 대체하는 사명을 부여받을 것이다. …… 진보의 도정이란 모든 생산 부문에서 기계가 사람을 대체하는 것이다. 두뇌로 하여금 계획하고, 지도하고, 통제하게 하라. 지치지 않고 폭력도 행사할 수 없는 철강과 스팀과 전기로 하여금 오늘날 인간의 육체를 탈진시키는 모든 모진 노동을 담당하게 하라.[5]

오스카 와일드는 1881년 강연에서 "모든 기계는 장식이 전혀 없더라도 아름답다. 기계를 장식하려 하지 말라. 모든 좋은 기계는 우아하며, 힘의 선과 미의 선은 동일하다고 생

---

5 조지 버나드 쇼 외, 2006, pp. 306-307.

각하지 않을 수 없다"[6]며 기계를 찬미했다. 페이비언 사회주의에 영향을 받은 오스카 와일드 또한 기계가 인간을 위해 대신할 것으로 믿었기 때문이다. 그리고 그는 예술가답게 한 걸음 더 나아가 '기계의 조직화라는 수단'을 통해 '개인은 아름다운 것들을 만들 것'이라는 '사회주의하에서의 예술'에 대해 논했다.

> 인간은 현재까지 어느 정도 기계의 노예가 되어 왔고, 인간이 자신의 일을 맡기기 위해 기계를 발명한 그 순간부터 굶주리기 시작했다는 사실에 비극적인 면이 있는 것이다. 하지만 이것은 물론 우리가 가진 재산 체제, 우리가 가진 경쟁 체제의 산물이다. 한 사람은 500명 분의 일을 하는 기계 1대를 소유하고 있다. 결과적으로 500명이 해고되고 할 일을 찾지 못하고 굶주린 채 도둑질로 몰리게 된다. …… 기계는 석탄 탄광에서 우리 대신 일해야 하고, 모든 위생 서비스를 행해야 하고, 증기선의 화부 역할을 해야 하며, 거리를 청소하고, 비 오는 날 우편을 나

---

6 Oscar Wilde(1913), *Essays And Lectures Ed. 4th*, Methuen , London, p. 178.

르고, 지긋지긋하고 비참한 모든 일을 해야 한다. 오늘날의 기계는 인간과 경쟁한다. **제대로 된 조건하에서라면 기계는 인간에게 봉사할 것이다.** …… 지금까지 나는 기계의 조직화라는 수단을 통해 공동체가 유용한 것들을 제공할 것이며 개인은 아름다운 것들을 만들 것이라는 얘기를 했다.(강조: 인용자)

— 본문, pp. 43~45

기계가 인간의 일을 대신하고 인간은 예술 작품을 만들어야 한다는 생각은 오스카 와일드만의 것이 아니었다. 윌리엄 모리스도 어디에선가 '기계란 뭐든지 할 수 있다고 믿습니다. 예술 작품을 만드는 것만 빼고요'라고 했다. 오스카 와일드가 『사회주의에서의 인간의 영혼』을 적던 시기에 윌리엄 모리스는 마르크스주의자였다. 윌리엄 모리스는 의회 활동을 통한 사회주의 건설에 대해서는 부정적이어서 마르크스의 딸인 엘레노아 마르크스와 같이 조직 활동을 했다. 그는 영국 최초의 마르크스주의 입문 서적을 H. M. 하인드만, E. 벨포트 박스와 같이 저술할 정도의 높은 이론적 수준을 보인 마르크스주의자였다.[7]

오스카 와일드와 윌리엄 모리스의 공통된 스승은 존 러

스킨이었다. 1860년대 가장 영향력 있던 영국 사회주의자 존 러스킨은 마태복음 20장의 포도원 일꾼의 비유를 통해 예수가 그러했듯 포도원 일을 하기 위해 '나중에 온 이 사람에게도' 사회가 당연히 같은 혜택을 주어야 한다는 주장을 했다.[8] 오스카 와일드는 페이비언 사회주의, 윌리엄 모리스는 마르크스주의자였지만 존 러스킨 등이 일구어 놓은 영국 초기 사회주의의 이러한 주장은 최소한 공유하고 있었다.

영국에서 '사회주의'의 의미는 개인주의/자유주의에 반대되는 의미로 쓰인다. 영국에서 사회주의는 개인이 아닌 '사회'가 사회 문제를 해결할 수 있다는 것이다. '사회주의'를

---

7 H. M. Hyndman, William Morris(1884), *A summary of the principles of socialism*, written for the Democratic Federation, London : The Modern Press. ;William Morris, E. Belfort Bax(2000, 1986~1989), Socialism from the Root Up. : William Morris, E. Belfort Bax(1893), Socialism, its growth & outcome.
한국에서 나온 모리스 평전을 보면 윌리엄 모리스가 마르크스주의에 결사반대했고 중세의 작업 방식으로 돌아가기를 원했다고 주장하는데 이런 문헌들을 보면 사실 왜곡임을 알 수 있다.

8 존 러스킨 사상의 영국 초기 마르크스주의자에 대한 영향 분석은 The Socialist Party of Great Britain(2006), John Ruskin, 1819-1900_ A Socialist Perspective.
www.worldsocialism.org/spgb/socialist-standard/2000s/2000/no-1150-june-2000/john-ruskin-1819-1900-socialist-perspective

'자본주의'에 반대되는 의미로만 받아들이면 영국 페이비언 사회주의와 영국 노동당의 노선을 이해할 수 없다. 마르크스주의자였던 윌리엄 모리스와 페이비언 사회주의자였던 오스카 와일드가 최소한 서로 공유한 지점은 사회 문제의 해결은 각 개인이 '경쟁 체제'를 통해 해결하는 것이 아니라 사회가 '기계가 인간에게 봉사하는 제대로 된 조건'을 갖추어야 해결이 된다는 것이다. 그 방법은 의회를 통한 점진적인 개혁을 할 것인지 혁명을 통할 것인지에 따라 다를 수 있다. 그러나 윌리엄 모리스가 자신이 주도했던 마르크스주의 운동이 영국 내에서 거의 소멸했을 때도 버나드 쇼와 같이 발표할 「영국 사회주의자 선언문」의 초안을 작성했던 것은 이러한 최소 지점을 공유하는 것이 영국 사회주의 전통 안에서 같이 있었기 때문이다. 오스카 와일드의 『사회주의에서의 인간의 영혼』도 이런 영국 사회주의 전통에 있다. 1892년 마르크스주의자 윌리엄 모리스의 「사회주의의 이상 예술」, 페이비언 사회주의자 오스카 와일드의 『사회주의에서의 인간의 영혼』이 W. C. 오언의 글과 같이 묶여 하나의 책으로 나온 것도 영국 사회주의의 넓은 스펙트럼을 보여 준다.[9]

오스카 와일드의 개인주의:
사회주의 없이는 개인주의도 없다

19세기 말에 영국의 양당 체제는 1850년대 이후 굳어졌던 보수당-자유당 양당 체제에서 20세기 초의 보수당-노동당의 양당 체제로 넘어갈 준비를 하고 있었다. 새로운 양당 체제의 한 축이 될 노동당의 사실상의 창당 이념을 만든 페이비언협회는 1884년 영국 런던에서 설립되었다. 1889년 버나드 쇼가 편집한 『페이비언 사회주의』가 출간되었다. 1890년 오스카 와일드는 버나드 쇼의 강의를 듣고 1891년 『예술가로서의 평론가』와 『사회주의에서의 인간의 영혼』을 세상에 내놓았다. 버나드 쇼와 더불어 페이비언협회의 가장 중요한 이론가인 시드니 웹도 같은 해 『사회주의와 개인주

---

9 Oscar Wilde, William Morris, W. C. Owen(1892), *The soul of man under socialism, The socialist ideal art, and The coming solidarity*, THE HUMBOLDT PUBLISHING CO.
윌리엄 모리스의 「사회주의의 이상 예술」은 서의윤이 번역한 『노동과 미학』(좁쌀한알, 2018)에 수록되어 있다. 당시의 영국 예술 운동 안에서 선배 세대인 1834년생인 윌리엄 모리스와 후배 세대인 1854년생인 오스카 와일드의 관계를 보려면 Peter Faulkner(2002), William Morris and Oscar Wilde. The Journal of William Morris Studies, Summer 2002. pp. 25-40를 참조하기 바란다. 둘 다 존 러스킨으로부터 영향을 받았지만 오스카 와일드는 라파엘 전파의 일원이자 시인이자 판타지 문학의 개척자인 선배인 윌리엄 모리스로부터 직접적인 영향을 받을 수밖에 없었다.

의(Socialism and Individualism)』을 발표했다. 페이비언협회는
『사회주의와 개인주의』라는 단행본을 페이비언 사회주의 시
리즈의 세 번째 책으로 아예 펴내기도 했다.[10] 페이비언 사회
주의자들의 '공산당 선언' 격인 『페이비언 사회주의』에서도
시드니 올리비에(Sydney Olivier)가 개인주의를 논한 것을 보
더라도 오스카 와일드와 마찬가지로 개인주의와 사회주의
를 대립시키지 않고 떼려야 뗄 수 없는 것으로 본다.

사회주의는 개인주의의 후예로서, 개인주의적 투쟁의
산물로서, 그리고 개인주의적 이상으로 다가가기 위한
필요조건으로서 등장한다. 이 둘을 대비시키면서 통상
상정되는 대립은 개성과 개성 사이 그리고 한 인간의 삶
과 그가 지닌 물질적 풍요 사이를 오늘날처럼 습관적으
로 혼동한 데서 오는 우연일 뿐이다. 사회주의는 단지 개
인주의가 합리화되고, 조직되고, 옷을 걸치고, 제 정신을
차린 것에 불과하다. 사회주의는 많은 선진 사회에서 형

---

10 버나드 쇼와 시드니 웹의 개인주의 관련된 1891년의 에세이 등을 묶은
책이다.
Bernard Shaw, Sidney Ball, Sir Oliver Lodge and Sidney Webb(1911),
Socialism and Individualism, JOHN LANE COMPANY.

태를 갖추어 가고 있는데, 사회 혁명은 자신을 위한 그리고 자신이 희구하는 행복과 자유가 타인들에게도 똑같이 주어지기를 바라는 합리적이고 유쾌한 생존으로 통하는 통로를 모색하는 수많은 개인의 의식적인 행동을 통해서 공식적으로 완성되어야 한다. 모든 의식적 행위, 조건들에 대한 모든 의식적 교정은 이러한 개인적 위안, 만족, 표출을 욕망함으로써, 어떤 육체적 혹은 지적 고통에서 탈출하고자 시도함으로써 고취된다.[11]

당시 개인주의는 '주체'에 대해서 고민하는 사회 사상으로서 중요한 논쟁거리였다.[12] 와일드의 전기 작가인 리처드 엘만은 오스카 와일드가 페이비언 사회주의의 수장인 버나드 쇼의 강의에서 영향을 받았을 것이라고 다음과 같이 추

---

11 조지 버나드 쇼 외 지음, 고세훈 옮김, 『페이비언 사회주의』, 아카넷, 2006, pp. 234.

12 당시의 개인주의 관련된 흐름들을 보려면 Regenia Gagnier(2010), *Individualism, Decadence and Globalization: On the Relationship of Part to Whole, 1859-1920(Language, Discourse, Society)*, Palgrave Macmillan. Regenia Gagnier(1991), *Subjectivities: A History of Self-Representation in Britain, 1832-1920*, New York Oxford.
오스카 와일드에게서 현대 문학 이론을 찾아 내려는 노력들은 이러한 논쟁들을 새로 읽어 내려는 노력이다.

측하면서 오스카 와일드의 사회주의와 개인주의의 관계를
논한다.

『사회주의에서의 인간의 영혼』은 미래에 드리워져 있
다. 와일드는 유미주의에 대한 자신의 재고가 초기보다
는 보다 구체적인 방식으로 사회적·정치적 이념을 다루
어야 한다고 보았다. 와일드에게는 사회주의가 꽤 상당히
다른 무엇이기는 했더라도 버나드 쇼의 강의는 아마도
그를 자극했을 것이다. …… 이 에세이는 우리가 고통 받
는 이들을 쓸데없이 동정하는 데 힘을 쏟아서는 안 되며,
오직 사회주의만이 우리의 인격들을 개발함으로써 우리
를 자유롭게 할 수 있다는 역설에 기반을 두고 있다.[13]

버나드 쇼가 일방적으로 오스카 와일드에게 영향을 준 것
만은 아니었다. 버나드 쇼는 극작가로서의 첫 작품인 『창문
들(windowers)』을 당대 최고의 극작가인 오스카 와일드에게
보여 주었다.[14] 버나드 쇼와 오스카 와일드는 동시대를 살면

---

13 Richard Ellmann(1988), *Oscar Wilde*. Vintage Books(eBook), XII. The
Age of Dorian, Wilde as Criminologist.

서 고민들을 공유했던 것이다. 와일드는 자신이 페이비언 사회주의자들에게 동조하고 있음을 『예술가로서의 평론가』에서 페이비언 사회주의자들을 언급하면서 보여주었다. 그는 『사회주의에서의 인간의 영혼』에서 개진한 '자선은 다수의 죄악을 불러온다'(본문, p. 11)는 의견을 『예술가로서의 평론가』에서도 개진한 직후 '내 친구들인 페이비언주의자들'을 아래와 같이 바로 언급한다.

> 사상가의 눈으로 보면 감정적인 동정의 진정한 해악은 지식을 제한하는 것이고 우리가 단 하나의 사회 문제라도 해결하는 것을 막는다는 데 있네. 우리는 현재 다가오는 위기, 내 친구들인 페이비언주의자들이 다가오는 혁명이라고 부르는 위기를 시여(施與)나 보시(布施) 등의 수단으로 돌파하려고 애쓰고 있지. 흠, 혁명이나 위기가 오면 우리는 무력할 것인데 우리는 아무것도 모르게 될 것이기 때문이지.[15]

---

14 Richard Ellmann(1988), *Oscar Wilde*. Vintage Books(eBook), XIV A Good Woman, and Others, Success in Piccadilly.

15 Intentions: The critic as artist in Oscar Wilde(1908), *The works 6_ Intentions & the soul of man*, London Methuen. pp. 184-185.

오스카 와일드의 개인주의는 사회와 자신을 별개로 보기에 자신만 잘 살아가겠다는 개인주의가 아니다.

오스카 와일드의 개인주의는 개인은 사회 속에 살아가는 것을 인식하고 있기에 사회주의가 실현되지 않고서는 개인주의가 현실적으로 불가능하다고 생각하는 개인주의다. 단도직입적으로 말하면 사유 재산이 폐지되는 사회주의 없이는 개인주의가 불가능하다는 것이다. 와일드는 『사회주의에서의 인간의 영혼』의 시작을 다음과 같이 역설적으로 시작한다.

> 사회주의가 세워지면 남을 위해 살아야 한다는 야비한 숙명, 현재 우리 모두를 너무나도 세게 옥죄는 그 숙명에서 벗어날 수 있다는 것이야말로 의심할 나위 없이 가장 큰 장점일 것이다. 사실 지금은 거의 누구도 여기에서 벗어나지 못하고 있다.
>
> — 본문, p. 9

개인주의는 '인격들을 개발함으로써 우리를 자유롭게 할 수 있다'는 사상으로 오스카 와일드의 표현으로는 '자아를 실현하는 인간'(본문, p. 13)을 목표로 한다. 개인주의는 '남을 위해 살아야 하는 야비한 숙명'에서 벗어나야 한다. 이 야비한 숙명에서 벗어나려면 사회주의가 세워져야 한다고 오스카 와일드는 『사회주의에서의 인간의 영혼』에서 처음부터 주장하고 들어가는 것이다. 와일드는 개인주의 발전을 가로막는 사유 재산이 공공의 부로 바뀌어야 하는 이유를 다음과 같이 주장한다.

　　현재로서는 사유 재산이 존재한 결과, 어마어마하게 많은 사람이 아주 제한된 양의 개인주의만 발전시킬 수 있다. 개인주의를 누릴 수 있는 사람들은 생계를 위해 일할 필요가 없는 사람들이거나 아니면 진실로 자신에게 일치하고 기쁨을 주는 그런 일을 선택할 수 있는 사람들이다. 바로 시인, 철학자, 과학자, 교양인들, 말하자면 진정한 인간, 자아를 실현하는 인간, 그 안에서 모든 인류가 부분적인 실현을 얻게 되는 그런 인간 말이다.
　　반면에 자신 소유의 사유 재산을 가지지 못하고 항상 굶주릴 위험에 처해 있는 엄청나게 많은 수의 사람들이 짐 부리는 짐승의 일, 자신에게 맞지 않으며 독단적이고 비합리적이고 비천한 빈곤의 폭정에 따른 일을 강요받는다. 이들은 가난한 자들로, 이들에게는 우아한 매너, 매

력적인 화술, 문명, 문화, 세련된 즐거움, 혹은 삶의 기쁨
을 찾아볼 수 없다.

— 본문, p. 14

사유 재산이 폐지되면, 그때 우리는 진정한 아름다운
건전한 개인주의를 누릴 수 있을 것이다. 어느 누구도 물
건이나 물건의 상징을 쟁여 놓느라 인생을 낭비하지 않
을 것이다. 사람은 삶을 살게 될 것이다. 산다는 것은 이
세상에서 가장 흔치 않은 일이 되었다. 대부분의 사람은
그저 존재할 뿐이다.

— 본문, p. 24

오스카 와일드의 사회주의: 이타주의적 미덕과 도덕적 가난뱅이는 필요 없다

사유 재산이 폐지되어 가난이 없어지는 사회주의를 세우
기 위해서 필요한 것은 이타주의적 미덕이 아니라 제대로
된 개인주의라고 오스카 와일드는 주장한다.

그들은 가난한 사람들을 연명하게 함으로써, 훨씬 더

발전된 방식으로는 가난한 사람들을 즐겁게 해 줌으로써 가난이라는 문제를 해결하려고 애쓴다.

하지만 이것은 해결책이 아니다. 문제를 더 곪게 만들 뿐이다. 가난이 설 곳이 없는 그러한 토대 위에 사회를 재건하려는 것이야말로 제대로 된 목표다. 그리고 바로 이 타주의적 미덕이야말로 이 목표를 정말로 가로막고 있다. 노예주 중 최악의 경우가 바로 자신의 노예들에게 친절했던 자들인 것과 마찬가지로……

— 본문, pp. 10-11

오스카 와일드는 '자선에 감사하는 가난한 사람들'을 '진정한 짐승'이라 부른다. 오스카 와일드가 '진정한 사람'으로 보는 사람들은 '고마워 할 줄 모르고, 검소하지 않고, 만족을 모르며, 저항적인 가난한 사람들'이다. 그들이 '최고의 사람들'이다.

우리는 가난한 사람들이 자선에 감사한다고 들어왔다. 물론 그런 사람들도 있겠지만, 가난한 사람들 중 최고의 사람들은 결코 고맙게 여기지 않는다. 그들은 고마워 하지 않고, 만족을 모르며, 순응하지 않고, 반항적이다. 그

리고 그럴 만도 하다. 그들은 자선이란 말도 안 되게 부족
한 형태의 부분 배상이라고, 또는 대개 자신들의 사적인
삶을 지배하려는 감성주의자들의 무례한 시도를 동반하
는 감성적인 시주라고 느끼는 것이다. 가난한 사람들이
부자의 식탁에서 떨어진 부스러기에 감사할 이유가 있는
가? 그들 역시 식탁에 함께 앉아야 하며, 자신들도 그 사
실을 깨닫기 시작했다. 불만족에 관해 말하자면, 그러한
환경과 그렇게 질 낮은 삶의 방식에 만족하는 사람이야
말로 진정한 짐승일 것이다. 불복종이란, 누구든 역사를
읽은 자라면 그것이 인간의 원초적 미덕임을 알 것이다.
바로 불복종을 통해서 진전이 이루어져 왔다. 불복종과
저항을 통해서 말이다.

— 본문, p. 16

　　오스카 와일드는 저항을 하는 개인주의는 사회주의를 세
우지만, 이타주의적 미덕은 세상이 그대로 유지되기를 바라
는 속물들의 것이라고 거부한 것이다. 오스카 와일드는 '도
덕적인 가난뱅이'를 경멸한다. '도덕적인 가난뱅이'는 '최고
의 사람'이 될 기회를 버렸기 때문에, 오스카 와일드가 보기
에는 성경 창세기에서 자신의 장자 상속권을 동생 야곱에게

죽 한 그릇에 팔아버린 에서와 다를 바 없다.

도덕적인 가난뱅이를 살펴보자면 물론 그를 동정할 수는 있겠지만 경외의 대상은 될 수 없다. 그는 적과 은밀한 계약을 맺고 아주 형편없는 야채 죽 한 그릇에 자기가 가진 타고난 권리를 팔아먹은 자다. 그는 또한 틀림없이 유별난 바보일 것이다. 나는 그 사람이 그런 조건 속에서 어떠한 형태의 아름답고 지적인 삶을 실현할 수 있는 한, 사유 재산을 지키는 법을 받아들이고 사유 재산의 축적을 인정하는 사람을 이해할 수 있다. 하지만 그런 법안들 때문에 인생이 망가지고 끔찍해진 사람이 그런 법의 존속을 묵인하는 것을 보면 거의 믿을 수 없을 지경이다.

하지만 이에 대한 설명은 어렵지 않게 찾을 수 있다. 그저 이런 것이다. 비참함과 가난은 너무도 절대적인 타락을 불러오며 그렇게까지 인간 본성을 마비시킨 나머지 어떤 계급도 스스로의 고통을 실제로 인식하지 못하게 되는 것이다.

— 본문, pp. 17-18

죽 한 그릇에 자신의 권리를 이렇게 팔아 버리는 행위들

117

은 사유 재산으로 인한 비참함과 가난을 가져다주는 것이
기에 사유 재산의 고리를 끊지 않고서는 근절될 수가 없다.
오스카 와일드의 자선의 해악에 대한 사상은 현재도 계속
이어지고 있다. 슬라보예 지젝 또한 오스카 와일드의 자선의
해악을 공유하면서 미학적 유물론을 논했다.[16] 오스카 와일
드의 자선의 해악에 대한 사상을 문학적으로 가장 성공적
으로 형상화한 것은 '독일의 오스카 와일드'인 베르톨트 브
레히트의 시 「밤의 안식처」일 것이다.

> 나는 듣고 있었다.
> 추운 겨울의 26번 거리에서
> 잘 곳이 없는 사람들을 위하여
> 적선을 구하는
> 한 사람이 있다는 것을.
>
> 그러나 세계는 바뀌어지지 않는다.
> 그렇게 해서 사회적 관계가
> 나아지는 것도 아니고

---

16 Slavoj Zizek(2010), *Living in the End Times*, Verso. pp. 117-118.

착취의 시대가 짧아지지도 않는다.

다소 얼마간의 사람만이

밤의 안식처를 얻어

그날 동안은

찬바람과 쌓이는 눈을 피할 수 있을 뿐이다.

이 시를 읽는 사람들이여,

책을 놓지 마십시오,

다소 얼마간의 사람만이

밤의 안식처를 얻어

그날 동안은

차가운 바람과 눈을 피할 수 있을 뿐이다.

그러나 세계는 바뀌어지지 않는다.

그렇게 해서 사회적 관계가

나아지는 것도 아니고

착취의 시대가 짧아지지도 않는다.[17]

---

17 베르톨트 브레히트 지음, 신현철 옮김, 『서정시를 쓰기 어려운 시대』, 삼문, 2004, pp. 63-64. '임시 야간 숙소'란 제목으로 번역되기도 한다.

오스카 와일드의 예수:
진정한 개인주의자이자 사회주의자

　오스카 와일드는 예수를 진정한 개인주의자이자 사회주의자로 본다. "예수는 우리 사회와 마찬가지로 사유 재산의 축적을 허락하는 공동체에서 활동"(본문, p. 27)했다는 것을 알고 있던 와일드는 예수가 말한 가난한 자를 재산이 없는 자가 아니라 발달된 인성을 갖지 못한 자로 정의한다. 오스카 와일드는 예수가 말하고자 했던 것을 다음과 같이 말한다.

　　"그대들은 훌륭한 인성을 가지고 있다. 그것을 발전시켜라. 너 자신이 되어라. 그대의 완벽함이 외부적인 것들을 축적하고 소유하는 데 있다고 생각하지 마라. 그대의 사랑은 그대 안에 있다. 그것을 실현할 수만 있다면 그대는 부자가 되기를 원하지 않을 것이다. 평범한 부자들은 사람에게 도둑을 맞을 수도 있다. 진정한 부자에게는 그럴 일이 없다. 그대 영혼의 보고에는 그대에게서 빼앗아 갈 수 없는 무한하게 귀중한 것들이 있다. 그러니 외부의 것들이 해치지 못할 그런 삶을 가꾸어라. 그리고 개인 재산을 없애도록 애써라. 그것으로부터 끔찍한 편견이, 끝없는 부지런함과 계속되는 잘못이 나온다. 개인의 재산은 모든 면에서 개인주의를 가로막는다."

— 본문, p. 29

와일드는 '부자가 천국에 들어가는 것은 낙타가 바늘귀에 들어가는 것보다 힘들다'는 예수의 말이 실제 현실에서는 어떤 맥락을 가지는가를 잔인할 정도로 냉혹하게 분석한다.

예수가 결코 가난한 자가 필연적으로 선하며 부자가 필연적으로 악하다고 말한 적이 없다는 것에 주의해야 한다. 사실 계급으로서의 부자들은 가난한 자들보다 더 도덕적이고, 더 지적이며, 행동거지도 더 바르다. 공동체 안에서 부자들보다 돈에 대해 더 많이 생각하는 계급은 단 하나가 있으며 그것이 바로 가난한 자들이다. 가난한 자들은 돈에 대해서만 생각한다. 그것이 가난의 비참함 이다. 예수가 말한 것은 인간은 그가 가진 것을 통해서가 아니라, 그가 행하는 것을 통해서도 아니라, 온전히 그가 어떤 사람이냐를 통해서만 완벽에 다다를 수 있다는 것 이다.

— 본문, pp. 29-30

와일드는 "가난한 자들은 돈에 대해서만 생각하기에 마음도 가난하다는 현실을 제대로 보고 가난을 미화하지 않았다." 와일드는 가난이 가져다주는 참혹한 현실을 제대로 보는 개인주의자가 물질적인 가난을 벗어나야만 개인의 발전을 이룰 수 있다는 것을 알았다. 오스카 와일드가 그렇다고 해서 물질적으로 부유한 자가 마음도 부유하다고 주장한 것은 아니다. 성서를 다시 읽어보자.

예수가 온갖 계명을 다 지킨 부자 청년에게 "네게 아직도 한 가지 부족한 것이 있으니 가서 네게 있는 것을 다 팔아 가난한 자들에게 주라 그리하면 하늘에서 보화가 네게 있으리라 그리고 와서 나를 따르라 하시니 그 사람은 재물이 많은 고로 이 말씀으로 인하여 슬픈 기색을 띠고 근심하며 가니라"[18]

가난한 자는 가난해서 돈만 생각해서 마음도 가난하고, 부유한 자는 재물을 지키기 위해서 마음이 가난하다. 이 둘 모두 마음이 가난해서 불행하다. 오스카 와일드는 둘 중 더

---

18 마가복음 10장 17-22절, 대한성서공회(개역개정).

불행한 것은 부유한 자들이라고 생각했다.

오스카 와일드, 예수 그리스도의 개인주의에서 유미주의로 나아가다

오스카 와일드는 옥중에서 쓴 『심연으로부터』에서 자신의 정치 에세이 『사회주의에서의 인간의 영혼』의 의의에 대해서 다음과 같이 말했다.

> 나는 그리스도의 진정한 삶과 예술가의 진정한 삶 사이에서 훨씬 더 친밀하고 즉각적인 연관성을 간파하면서, 고통이 나의 날들을 앗아가고 그것의 굴레에 나를 묶어놓기 훨씬 전에 이미 「인간의 영혼」에서 **그리스도적인 삶을 살고자 하는 사람은 완벽하게 전적으로 자기 자신이어야만 한다**고 말했던 것을 떠올리면서 강렬한 기쁨을 느꼈어.[19]

오스카 와일드는 『사회주의에서의 인간의 영혼』에서 '완

---

[19] 오스카 와일드, 2015, p.163.

벽하고 절대적으로 자기 자신'인 '개인주의의 원형'을 예수 그리스도에게서 보았다.

> 그러므로 그리스도 같은 삶을 살고자 하는 사람은 완벽하고 절대적으로 자기 자신인 사람이다. 그는 위대한 시인일 수도 있고, 위대한 과학자일 수도, 젊은 대학생일 수도, 황야에서 양을 치는 사람일 수도, 셰익스피어처럼 드라마를 만드는 사람일 수도, 스피노자처럼 신에 대한 사상가일 수도 있고, 정원에서 노는 아이나 바다에 그물을 던지는 어부일 수도 있다. 그가 영혼의 완성은 자신 안에 있다는 것을 아는 한 그의 직업은 중요하지 않다.
>
> ― 본문, p. 34

오스카 와일드는 옥중에서 쓴 『심연으로부터』에서 '역사에 기록된 최초의 개인주의자'인 예수가 모든 고통의 근원이 사유 재산에 있다는 것을 가르침으로 주었다고 한다.

> 무엇보다 그리스도는 개인주의자들 중에서도 최고의 개인주의자야. 예술가가 모든 경험을 수용하듯, 그에게 겸손은 단지 발현의 한 방식인 거야. 그리스도가 끊임없

이 찾아다니는 것은 인간의 영혼이야. 그는 '하느님의 왕국'이라 부르는 그것을 모든 인간에게서 발견하며, 아주 작은 씨앗, 한 줌의 효모, 진주 같은 아주 조그만 것들에 비유하지. 생경한 격정들, 습득된 문화, 좋거나 나쁜 모든 외적인 소유물을 모두 던져 버려야만 비로소 자신의 영혼을 인식할 수 있기 때문이야. ……

그리스도가 그래야 한다고 말한 것처럼. 죽기 전에 '자기의 영혼을 소유한' 사람이 지극히 적다는 것은 진정한 비극이야. 에머슨은 언젠가 "인간에게는 스스로의 행위보다 귀한 것은 없다"고 말했지. 그의 말은 전적으로 옳아. 대부분의 사람은 다른 사람이야. 그들의 생각은 다른 누군가의 의견이고, 그들의 삶은 모방이며, 그들의 열정은 인용일 뿐이지.

그리스도는 지고한 개인주의자일뿐 아니라, 역사에 기록된 최초의 개인주의자야. 사람들은 19세기의 끔찍한 자선가들처럼 그를 평범한 자선가쯤으로 만들려고 하거나, 비과학적이고 감상적인 면을 지닌 이타주의자로 치부했지. 하지만 그는 이도저도 아니었어. 물론 그는 가난한 이들과 감옥에 갇힌 이들, 하층민들과 불행한 이들을 불쌍히 여겼지. 하지만 그는 부자들과 냉정한 향락주의자들, 물질의 노예가 됨으로써 자신들의 자유를 낭비하는 사람들, 부드러운 옷을 입고 왕의 집에서 살고 있는 이들을 훨씬 더 가엾게 여겼어. 그는 부와 쾌락을 빈곤과 고통보다 훨씬 더 큰 비극으로 간주했던 거야. 이타주의로 말하자면, 우리를 결정짓는 것은 자유 의지가 아닌 소명 의식이며, 가시나무에서 포도를, 엉겅퀴에서 무화과를 수확할 수 없다는 것을 그보다 더 잘 알았던 이가 있을까?

그의 교리는 다른 사람들을 위해 살아가는 것을 확고하고 의식적인 목표로 삼고 살라는 것이 아니었어. 그것은 그가 설파하는 교리의 근본이 아니었지. 그가 너의 적들을 용서하라고 한 것은 적들을 위해서가 아니라 자기 자신을 위해 그렇게 하라는 것이었어. 사랑이 증오보다 더 아름답기 때문이지. 그가 보자마자 사랑한 젊은이에게 "네가 가진 것을 모두 팔아 가난한 이들에게 나누어주라"고 간청했을 때, 그는 가난한 이들의 상태를 생각한 것이 아니라, 그 젊은이의 영혼, 부가 망치고 있는 그의 아름다운 영혼을 염려했던 거야.[20]

---

20 오스카 와일드 지음, 박명숙 옮김, 『심연으로부터』, 문학동네, 2015, pp. 166-168.

오스카 와일드는 위와 같이 예수가 준 가르침인 '개인주의'와 '인간의 영혼'의 관계에 대해 정리했다. 오스카 와일드의 유미주의는 이러한 '개인주의'에 바탕을 두고 있다. 살인 방화를 해서 만들더라도 예술은 가치 있다는 김동인의 「광염 소나타」, 전쟁이 나더라도 상관하지 않고 사랑 시를 쓰겠다는 한국의 대표적인 어느 명상 시인이 보여주는, 골방에서 비단을 두른 채 부패해 가는 시체 냄새 나는 유미주의와 선이 확연하게 그어진다. 오스카 와일드는 위 글에 바로 이어서 예수의 인생관인 '개인주의'에 따른 예술론을 전개한다.

그리스도의 인생관을 살펴보면, 그는 자기완성의 필연적인 법칙에 의해 시인은 노래해야만 하고, 조각가는 청동으로만 생각하고, 화가는 자신의 기분을 비추는 거울로서의 세상을 그려야 한다는 것을 아는—산사나무가 봄에 꽃을 피우고, 수확기의 곡식이 황금빛으로 타오르고, 규칙적인 운행 속에서 달이 방패에서 낫으로, 낫에서 방패로 그 모습을 바꾸는 것만큼이나 확실하고 분명하게—예술가와 하나인 거야.

그러나 그리스도는 인간에게 "다른 사람들을 위해 살도록 하라"고 말하진 않았지만, 다른 사람들의 삶과 우

127

리 자신의 삶 사이에는 아무런 차이가 없다는 것을 가리켜 보여 주었지. 그런 식으로 그는 인간에게 거대한 타이탄 같은 인성을 부여한 거야. 그가 이 세상에 온 뒤로 각각의 인간의 역사는 세상의 역사가 되었고, 될 수 있게 되었어. 물론 문화는 인간의 인성을 강화시켰고, 예술은 우리를 무수한 마음을 가진 존재로 만들어 주었지. 예술적 기질을 가진 사람들은 단테와 함께 유배를 떠나 다른 사람의 빵이 얼마나 짠지, 남의 집 계단이 얼마나 가파른지를 알게 되는 거야. 그들은 잠시 동안 괴테의 평정심과 평온함을 가까이서 느끼며 어째서 보들레르가 신에게 이렇게 외쳤는지 아주 잘 이해하게 된다는 말이지.

오! 주여! 저에게 주옵소서, 내 몸과 마음을 역겨움 없이 바라볼 힘과 용기를!

그들은 스스로 상처받는 것을 감수하면서까지 셰익스피어의 소네트로부터 그의 사랑의 비밀을 캐내 자신들의 것으로 만들지. 또한 새로운 시각으로 현대적 삶을 바라보게 돼. 그들이 쇼팽의 녹턴을 들었고, 그리스의 유물들을 다루어 보았으며, 어떤 죽은 여인—머리카락이 섬세한 금실 같았고, 입술은 석류 같았던—을 위한 어떤 죽은 남자의 뜨거운 사랑에 관한 이야기를 읽었기 때문이

지. 예술적 기질은 필연적으로 자신을 표현할 줄 아는 것
에 공감을 하게 되어 있어. 언어나 색깔, 음악이나 대리
석, 아이스킬로스 연극의 채색 가면, 시칠리아 양치기의
구멍 뚫린 갈대 다발 등 무엇을 통해서든 인간과 그의 메
시지가 드러나야만 했던 거야.[21]

오스카 와일드의 유미주의: 드레퓌스 사건의 진실 제보자, 러시아 혁명가들의 영감의 근원

20세기 글램 록의 화신 데이비드 보위는 영국에서 처음
나타난 현상이 아니었다. 글램 록의 원조는 바로 19세기 말
의 오스카 와일드였다. 오스카 와일드는 자신이 유미주의의
상징, 새로운 멋으로써 유행시킨 공작 깃털, 해바라기 장식,
장발, 화려한 비로드 바지 등을 착용함으로써 새로운 세상
을 꿈꾼 서구의 젊은이들을 열광시켰고 자신을 모방하게 만
들었다. 오스카 와일드의 유미주의는 사회를 변화시키는 것
이었다.

오스카 와일드의 유미주의는 예술을 통해 "다른 사람의

---

21 오스카 와일드, 2018, pp. 168-169.

빵이 얼마나 짠지, 남의 집 계단이 얼마나 가파른지를 알게 되는"것이기에 사회를 거부하지 않는다. 아니 오히려 누구보다 더 열심히 사회 참여 활동을 한다.

오스카 와일드가 페이비언 사회주의자 친구들을 두었다는 것만이 그가 사회 참여에 관심 있었던 예술가라는 증거가 아니다. 1886년에 메이데이를 제정하게 만든 헤이마켓 사건이 있었다. 1886년 5월 4일 시카고 헤이마켓 광장에서 8시간 노동을 요구하는 파업 참여 노동자들의 평화 시위가 있었다. 경찰이 이들을 해산시키려 하자 신원 불명의 누군가가 경찰에게 폭탄을 던졌다. 경찰 7명과 민간인 4명이 죽었다. 8명의 아나키스트들이 체포되었는데 증거는 피고 중 1명이 폭탄을 만들 줄 안다는 것뿐이었고 이 중 누구도 폭탄을 던진 사람은 없었다. 7명에게는 사형이, 1명에게는 징역 15년이 선고되었다. 1886년 헤이마켓 사건 당시 버나드 쇼가 시카고 헤이마켓 대학살 때 체포된 아나키스트들의 석방을 요구하는 청원을 했을 때 런던에서 유일하게 서명해 준 사람이 오스카 와일드였다.[22]

　19세기 후반 프랑스를 흔들었던 드레퓌스 사건에서 정의가 승리하는데에 오스카 와일드는 핵심 역할을 했다. 1898년 에밀 졸라는 「나는 고발한다」를 발표하면서 드레퓌스가 유대인이라는 이유로 군사 법정에 의해서 억울한 누명을 쓰고 종신형에 처해졌다는 진실을 세상에 알렸다. 에밀 졸라가 고발한 진실, 드레퓌스가 억울한 누명을 썼다는 증거를 찾아내 에밀 졸라에게 정보를 알려준 익명의 "영국 신사"가 오스카 와일드였다. 에밀 졸라는 오스카 와일드를 간절히 만나고자 했지만 오스카 와일드는 그를 만나기를 거부했다.[23] 감옥에서 나온 후 영국으로부터 국적을 박탈당해 프랑스에서 겨우겨우 살고 있던 오스카 와일드로서는 에밀 졸라를 만나는 일이 엄청난 부담이었다. 당시 프랑스에서는 유대주의와 이 때문에 희생된 무고한 드레퓌스의 무죄 여부를 놓고 로마 가톨릭 교회와 군부 등 보수 세력과 진보 세력이 격돌하고 있었다. 동성애자로 사회도덕을 파괴했다는 비난

---

22 Richard Ellmann(1988), *Oscar Wilde*. Vintage Books(eBook), XI. Disciple to Master, A Miller's Thumb.

23 J. Robert Maguire(1997), *Oscar Wilde and the Dreyfus Affair*, Victorian Studies, Vol. 41, No. 1(Autumn, 1997), Indiana University Press. pp. 1-29.

을 받고 영국에서 쫓겨난 오스카 와일드가 프랑스에서 유대
주의자로 몰린다면 생명까지도 위험해질 수 있었다. 그러니
오스카 와일드로서는 엄청난 각오를 하고 이 진실을 알렸
을 것이다.

와일드의 첫 희곡은 「베라」로 러시아 여성 혁명가인 베라
자술리치의 생애에 기반을 두고 만든 희극이다. 베라 자술
리치는 나로드니키로 혁명 운동에 참가하여 러시아에서 최
초로 마르크스주의 단체 노농 해방단을 결성했다. 마르크
스와는 러시아에서 자본주의를 거치지 않고 사회주의로 가
는 길이 가능한가에 대해서 편지를 주고받기도 했다. 오스
카 와일드가 「베라」에서 다루고자 한 것은 러시아 혁명가들
의 니힐리즘으로 그는 그들에게 깊이 공감했다.[24] 오스카 와
일드는 이렇듯 먼저 러시아 혁명가들에게 관심을 보였다. 오
스카 와일드 전기 작가인 헤스케스 피어스에 따르면, 러시
아 차르 시대 혁명가들에게 『사회주의에서의 인간의 영혼』
은 영감을 불러일으키는 텍스트였다.[25] 마야코프스키가 '대

---

24 Hesketh Pearson(1919), *The Life Of Oscar Wilde*, Penguin Books Ltd.
pp. 61-62.

25 Hesketh Pearson(1950), *Essays by Oscar Wilde*, Methuen & Co., Ltd.
Introduction.

중의 취향에 따귀를 때려라'라는 선언문을 적을 때[26] 그는
아마도 오스카 와일드의 『사회주의에서의 인간의 영혼』가
운데 "이제 예술은 절대로 대중적이 되려고 해서는 안 된다.
대중이 스스로 예술적이 되려고 애써야 한다"(본문, p.44)는
구절을 생각하면서 적었을지도 모른다. 또한 미국으로 여행
을 가면서도[27] 오스카 와일드의 미국 여행을 생각했을지도
모른다.

오스카 와일드의 엘리트주의:
매력적인 노동자와 경멸스러운 속물

그러나 이렇듯 사회 참여에 열정적이었던 오스카 와일드
는 왜 그토록 사회를 이루고 있는 다수를 이루는 대중을 경
멸했을까? 오스카 와일드에게서 대중은 기존 사회 질서를
의미한다. 그는 감옥에서조차 기존 사회 질서에 대한 혐오
를 거두지 않았다. 많은 이가 오스카 와일드의 『심연으로부

---

26 블라디미르 마야코프스키 지음, 김성일 옮김, 『대중의 취향에 따귀를
때려라』, 책세상문고, 2005, p. 245.

27 블라디미르 마야코프스키 지음, 김근신 옮김, 「러시아 혁명 시인 마야
코프스키의 미국 발견」, 『현대문학』, 2003. 9.

터』를 그가 감옥에서 방탕한 생활에 대해 쓴 참회록으로 읽으려고 하지만, 『심연으로부터』는 범죄자의 반성문이 아니다. 더글러스에게 보내는 편지인 『심연으로부터』에서 그는 자신이 대중, 기존 사회 질서와 제대로 싸우지 못했다고 다음과 같이 통탄해 하고 있다.

예전에 사람들은 지나치게 개인주의적이라며 나를 비난하곤 했지. 지금 나는 그 어느 때보다도 훨씬 더한 개인주의자가 되어야만 해. 그리고 그 어느 때보다도 나 자신으로부터 많은 것을 이끌어 내고, 그 어느 때보다도 세상에 적게 요구해야만 해. 사실, 나의 몰락은 삶에 개인주의를 지나치게 요구해서가 아니라 너무 적게 요구한 데서 비롯된 거야. 내 삶에서 유일하게 수치스럽고 용서받을 수 없고 경멸할 만한 행위는 당신 아버지로부터 나를 지켜 달라며 마지못해 사회에 도움과 보호를 요청했다는 거야. 누군가에게 그런 도움을 요청하는 것은 개인주의적인 관점에서 볼 때 충분히 잘못된 것일 수 있어. ……물론 내가 사회의 힘을 작동시키자마자 사회는 나를 돌아보며 이렇게 말했지. "당신은 지금까지 나의 법들을 무시하며 살아와 놓고, 이젠 자신을 보호하기 위해 그 법들

에 호소한다는 건가? 그렇다면 당신은 그 법들이 최대한
으로 적용되는 것을 보게 될 것이오. 당신이 법에 호소를
했으니, 그 법을 따라야만 하오." 그 결과, 나는 지금 감
옥에 있지. …… 나는 『도리언 그레이의 초상』 어딘가에
서 "사람은 자신의 적들을 매우 신중하게 선택해야 한다"
고 말했지. 그때 난 나 자신을 천민으로 만드는 것은 바
로 천민이라는 것을 잘 알지 못했던 거야.

　사회에 도움을 청하라고 내게 강요하고 나를 몰아붙
인 것, 그게 바로 내가 당신을 그토록 경멸하고, 당신에
게 굴복한 나 자신 또한 경멸하게 된 이유 중 하나야.[28]

오스카 와일드는 『사회주의에서의 인간의 영혼』에서 대
중에 대한 태도를 가지고 노골적으로 진정한 예술가와 대중
소설가의 차이에 대해 확연하게 다음과 같이 선을 그었다.

　진정한 예술가라면 대중을 어떤 식으로도 의식하지
않는다. 대중은 그에게 존재하지 않는 존재다. 그에게는
괴물을 잠재우거나 배불릴 나른하거나 달콤한 케이크가

---

28 오스카 와일드, 2015, pp. 194-195.

없다. 그는 그것을 대중 소설가의 몫으로 남겨 둔다.

— 본문, p. 69

그는 감옥에서 자신의 동성애를 범죄로 인정하고 참회를 한 것이 아니라, 『사회주의에서의 인간의 영혼』에서 보여 주었던 자신의 자존감에 상처를 준 속물들과 제대로 싸우지 못한 것에 대해서 통탄할 뿐이었다. 그에게서 대중은 속물들이지 절대 다수의 노동하는 사람들인 어부, 양치기, 농부, 소작농 등이 아니다. 오스카 와일드의 엘리트주의는 노동하는 절대 다수의 사람들을 '개돼지'로 경멸하는 천박한 엘리트주의가 아니다. 오히려 오스카 와일드는 노동하는 절대 다수의 사람들은 '세상의 소금'으로 본다. 그가 경멸하는 대중은 사회의 변화를 바라지 않고 현재 상태를 고수하려는 속물들이라는 것을 그는 분명하게 『심연으로부터』에서 밝힌다.

삶에서 속물주의적인 요소는 예술을 이해하지 못하는 무능력을 말하는 게 아니야. 어부, 양치기, 농부, 소작농 등등의 매력적인 사람들은 예술에 대해서는 아무것도 모르지만 세상에 꼭 필요한 소금과 같은 존재들이야. 속물은 사회의 무겁고 거추장스럽고 맹목적이고 기계적인 힘들을 지지하고 돕는 사람, 그리고 인간이나 어떤 운동 속에서 역동적인 힘을 만날 때 그것을 알아보지 못하는 사람을 가리키지.[29]

그의 이러한 지독한 엘리트주의는 그를 완전히 몰락하게 만든 법정 싸움에서는 도움이 되지 못했다. 그가 페이비언 사회주의에게서 받은 역사 발전에 대한 믿음, 영국 최고의 문필가로서의 자신감과 더불어 속물들에 대한 엘리트주의자다운 태도는 법정에서 청중들을 즐겁게 했지만 법률 전문가들에게는 오스카 와일드로부터 조롱을 당하고 있다는 집단적인 분노를 느끼게 했다. 그 때문에라도 그는 재판에 질수밖에 없었다. 그러나 지독한 엘리트주의자 오스카 와일드는 그의 죽음을 앞당기게 되는 감옥에서조차 『사회주의에서의 인간의 영혼』에서 엘리트주의자로서 그가 했던 말들을 스스로 지키지 못했음에 대해서, 즉 속물들과 제대로 싸우지 못했음을 '심연으로부터' 깊이 반성했을 뿐이다. 그는 사회주의를 앞당기는 '최고의 사람' 중의 하나인 영혼이었다.

---

29 오스카 와일드, 2015, pp. 195-196.

오스카 와일드 이후, 『사회주의에서의 인간의 영혼』

오스카 와일드의 사상적 경향은 페이비언 사회주의였지만 이 텍스트 『사회주의에서의 인간의 영혼』은 미학 이론이기 때문에 혁명을 거부하는 페이비언 사회주의라는 정치적 틀 혹은 한계에 갇히지 않고 그 너머로 나아갔다. 그렇기 때문에 볼셰비키 혁명으로 진화했던 많은 러시아 혁명가에게 영향을 주었을 것이다. 오스카 와일드는 빈곤과 그것에 수반되는 고통을 없애자고 제안했다. 세상에 '빈곤과 그것에 수반되는 고통'이 있는 한, 미학과 정치학을 교차시키면서 고통의 원인을 분석하고 고통의 극복 방법을 제시하는 『사회주의에서의 인간의 영혼』은 계속 텍스트로서 가치를 가질 것이다. 오스카 와일드는 개인주의가 '자연스럽고 필연적으로 인간에게서 나오는 것'이라고 생각했다. 오스카 와일드 이후의 시대인 현대에도 '빈곤과 그에 수반되는 고통'이 있는 한 오스카 와일드가 찬미한 '기쁨을 통해 자신을 표현하는 개인주의'가 더더욱 필요한 것이다. 오스카 와일드는 지금도 말하고 있다.

그리고 개인주의가 올 때는 의무에 관해서 어떤 병적인 위선도 없는데, 이 위선이란 단순히 다른 사람들이 원한다는 이유만으로 그들이 원하는 것을 하라는 의미일 뿐이다. 또한 개인주의가 올 때는 자기 희생에 관한 어떤 끔찍한 위선도 없는데, 이 위선은 단순히 야만적인 훼손에서 살아남는 것을 의미한다. 개인주의가 올 때는 어떤 요구도 하지 않는다. 그저 자연스럽고 필연적으로 인간에게서 나오는 것이다. 그 점이 바로 모든 발전이 지향하는 점이다. 그것이 바로 모든 조직체가 자라서 향해 가는 분화인 것이다. 그것이 바로 모든 삶의 형식에 내재되어 있으며 모든 삶의 형식이 서둘러 향해 가는 완벽성인 것이다.

— 본문, p. 78

현대의 세계에는 계획이 있다. 그것은 빈곤과 그것에 수반되는 고통을 없애자고 제안한다. 그것은 그 방식으로 사회주의와 과학을 취한다. 그것이 목표로 하는 것은 기쁨을 통해 자신을 표현하는 개인주의다.

— 본문, p. 89

연표[1]

1854년

더블린에서 의사인 아버지 윌리엄 와일드(William Wilde)와 문인인 어머니 제인 프란체스카 엘지(Jane Francesca Elgee) 사이에서 태어났다. 어머니는 아일랜드 민족주의자이며 문인으로 훗날 오스카 와일드가 재판에서 패소한 후 친구들이 모두 해외로 탈출할 것을 권할 때도 영국에 남아서 싸우라고 할 정도로 사회 정의에 대한 신념이 뚜렷한 사람이었다.[2]

1871-1874년

더블린의 트리니티 대학 장학생으로 입학한 후 많은 상을 받았다. 독특한 차림새로 주목 받기 시작했다.

1874년

20살에 오스카 와일드는 존 러스킨과 월터 페이터가 재직해 재직하고 있던 옥스퍼드 대학에 장학생으로 입학했다.[3] 존 러스킨은 1869년 최초의 순수 미술에서 슬레이드 교수[4]가

---

1 이 연표는 Peter Raby(ed. 1997), *The Cambridge Companion to Oscar Wilde*, Cambridge의 연표를 참조해 작성했다.

2 오스카 와일드와 어머니의 평생 우정에 관해서는 Anna(1911), *Oscar Wilde And His Mother*, Everett & Co., Ltd.

3 John Paul Riquelme, Between two worlds and beyond them: John Ruskin and Walter Pater in Kerry Powell, Peter Raby(ed. 2013), *Oscar Wilde in Context*, Cambridge.

4 펠릭스 슬레이드의 유산으로 옥스퍼드, 케임브리지, 런던 대학에 설치한

된 후, 1871년 자신의 '회화와 순수 예술의 러스킨 학교(The Ruskin School of Drawing and Fine Art)'를 세우고 옥스퍼드 대학 부속 박물관인 애슈몰린 박물관(Ashmolean Museum)을 운영하고 있었다. 당시 존 러스킨은 라파엘 전파(Pre-Raphaelite Brotherhood)를 이끌고 훗날 윌리엄 모리스의 공예 운동에 영향을 준 미술 이론가로서만이 아니라 1860년 펴낸『나중에 온 이 사람에게도』[5]를 쓴 사회사상가로서도 영향력이 대단했다. 월터 페이터는 1873년『르네상스사 연구(Studies in the History of Renaissance)』를 발표해 데카당스 운동의 이론적 지도자가 되었다. 예술을 위한 예술의 대변자로서『르네상스(Renaissance)』에서 미적 인상의 강렬하고 풍부한 경험을 유일한 목적으로 하는 유미주의를 선언했다. 오스카 와일드는『도리언 그레이의 초상(The Picture of Dorian Gray)』에서 월터 페이터를 쉴 새 없이 의도적으로 재치 있게 비틀어서 인용한다.

오스카 와일드는 월터 페이터와 존 러스킨이 이끌었던 예술 지상주의를 이어받았다.『사회주의에서의 인간의 영혼』은 존 러스킨과 월터 페이터에게서 영향을 받아 작가로서 출발한 오스카 와일드가 결국 이 둘을 어떻게 종합해서 새로운 자신의 창작 방법론과 사회사상을 만들었는가를 알 수 있다.

당시 오스카 와일드가 라파엘 전파와 유미주의의 상징인 백합을 꽂은 청자기로 자신의 기숙사 방을 장식했다는 것은

예술 강좌 담당 석좌 교수직.

5 존 러스킨 지음, 곽계일 옮김,『나중에 온 이 사람에게도』, 아인북스, 2014.

'전설'처럼 내려오는 이야기다.

1875년

6월, 고대 역사가인 마하피(Mahaffy) 교수와 이탈리아를 여행했다.

1876년

4월, 부친이 작고했다.

1877년

3~4월, 마하피 교수와 그리스를 여행했다.

1878년

6월, 시 「라벤나(Ravenna)」로 뉴디기트상(newdigate prize)을 받았다.
7월, 수석으로 학위를 받았다.

1880년

11월, 사극 『베라(Vera)』를 사적으로 간행했다.

1881년

6월, 시집 『시들(Poems)』을 간행했다.

1882년

유미주의 순회강연 차 미국, 캐나다 여행을 했다. 세관에서 "신고할 것은 내 천재성뿐"이라고 말했다. 그는 미국과 캐나다 등에서 '예술에서의 영국 르네상스'와 '미국의 장식 예술'

을 강연했고 저널리스트로도 활동했다. 영국에서 유행하는 예술 지상주의의 대변자로서 그의 강연회는 대성공이었다.[6]

1883년

1~5월, 사극「파두아 공작 부인(The Duchess of Padua)」을 파리에서 완성했다.

8~9월, 사극「베라」가 뉴욕 공연을 했다.

1884년

5월, 더블린 왕실 변호사의 딸 콘스탄스 로이드(Constance Lloyd)와 결혼했다.

후기 유미주의 선언을 했다.

페이비언협회가 런던에서 설립되었다.

1885년

저널리즘 활동을 시작했다.

5월, 논문「셰익스피어와 무대 의상(Shakes-peare and Stage Costume)」을 발표했다.

6월, 첫아들 시릴이 태어났다.

1886년

로비 로스(Robbie Ross)와 첫 동성애를 시작했다.[7]

---

6 당시 상황을 잘 알 수 있는 책은 Henry Justin Smith(1936), *Oscar Wilde Discovers America*(1882), Benjamin Blom; Roy Morris Jr.(2013), *Declaring his genius : Oscar Wilde in North America*, Harvard University press.

7 로비 로스는 평생 오스카 와일드를 도왔고 그의 사망 이후 오스카 와일

6월, 둘째 아들 비비언이 태어났다.

「캔터빌 관의 유령(The Canterville Ghost)」, 「비밀 없는 스핑 크스(The Sphinx Without a Secret)」, 「아서 새빌 경의 범죄 (Lord Arthur Savile's Crime)」, 「모범적인 백만장자(The Model Millionaire)」를 발표했다.

1887년

잡지 《여성 세계(Woman's World)》의 편집장이 되었다.

1888년

동화집 『행복한 왕자와 다른 이야기들(The Happy Prince and Other Tales)』을 출판했다. 윌리엄 모리스 영향하 에 있던 월터 크레인(Walter Crane)과 G. P. 자콤홋(G. P. JacombHood)이 삽화를 맡았다.

「젊은 왕(The Young King)」을 발표했다.

1889년

동화 「소공주의 생일(The Birthday of the Infanta)」, 「펜, 연 필, 독약(Pen, Pencil and Poison)」, 「거짓의 쇠락(The Decay of Lying)」, 「W. H 씨의 초상(The Portrait of Mr. W. H)」을 발표 했다.

버나드 쇼가 편집한 『페이비언 사회주의』[8]를 출간했다.

드 전집 편집과 권위 있는 전기를 적었다. 로비는 사망한 후에 오스카 와일 드와 같이 묻혔다.

8 조지 버나드 쇼 외 지음, 고세훈 옮김, 『페이비언 사회주의』, 아카넷, 2006.

1890년

소설 『도리언 그레이의 초상』을 발표해 영국에서 가장 유명한 작가가 되었다. 논문 「예술가로서의 평론가(The Critic as Artist)」를 발표했다.

1891년

1월, 사극 「파두아 공작 부인(The Duchess of Padua)」을 미국에서 상연했다.

2월, 논문 「사회주의하에서의 인간의 영혼(The Soul of Man under Socialism)」을 발표했다.

4월, 『도리언 그레이의 초상』 개정판을 출간했다.

5월, 논문집 『의도(Intention)』를 출간했다.

7월, 단편집 『아서 새빌 경의 범죄』를 출간했다.

여름, 알프레드 더글러스(Alfred Douglas)를 만나서 동성애 파트너가 되었다.

11월, 동화집 『석류의 집(A House of Pomegranates)』을 출간했다.

11~12월, 파리에서 프랑스어로 희곡 「살로메(Salome)」를 썼다.

1892년

2월, 첫 희곡 「윈더미어 부인의 부채(Lady Windermere's Fan)」 상연으로 대호평을 받았다.

1893년

6월, 비극 「살로메」 프랑스어판을 파리에서 연습했다.

8~9월, 희곡 「하찮은 여자(A Woman of no Importance)」를 상연했다.

산문시 「심판의 집(The House of Judgement)」을 발표했다. 최초의 게이 소설이라는 평을 듣는 「텔레니(Teleny)」도 발표했고 동성애자라는 소문이 돌기 시작했다.

1894년

2월, 알프레드 더글러스가 『살로메』를 영어로 번역해 간행했으나 검열에 걸려서 공연은 하지 못했다.

6월, 시집 『스핑크스』를 발간했다.

8~9월, 「성실함의 중요성(The Importance of Being Earnest)」를 썼다.

10월, 『하찮은 여자』를 간행했다

1895년

몰락이 시작되는 해다.

1월, 희극 「이상적인 남편(An Ideal Husband)」을 상연했다.

2월, 「성실함의 중요성」을 상연했다.

1~2월, 더글러스와 알제리로 여행하다가 앙드레 지드를 만났다.[9]

3월, 더글러스의 아버지 퀸즈베리 후작과 재판이 시작된다. 더글러스는 아버지에 대한 증오로 인해 첫 소송비를 대면서까지 와일드가 자신의 아버지에게 명예 훼손 소송을 하도록 계속 강요했다. 오스카 와일드는 더글러스의 아버지 퀸즈베리 후작과의 소송에서 패소했다. 재판정에서 평소의 언어유

---

9 앙드레 지드의 와일드에 대한 회고록은 번역되어 나왔는데 그의 성공과 몰락 과정을 오스카 와일드의 팬이자 지인으로 기록했다.

앙드레 지드 지음, 이효경 옮김, 『오스카 와일드에 대하여』, 글항아리, 2015.

희를 구사해 기존 질서와 사법 제도를 경멸하는 태도를 보여 법정의 청중에게는 웃음을 주었으나 배심원들에게는 나쁜 인상을 주었다. 재판은 패소했고 퀸즈베리 후작과의 재판 비용을 갚기 위해 집의 모든 동산과 장서가 경매에 부쳐졌다.

재판에서 이긴 퀸즈베리 후작은 즉시 오스카 와일드 관련 자료를 검찰총장에게 보냈고, 체포 영장이 내무부를 거쳐 나왔다. 재판이 시작되었지만 같은 죄를 지었던 더글러스에게는 체포 영장이 발부되지 않았고, 더글러스는 영국을 떠나 3년간 돌아오지 않았다. 오스카 와일드는 재판 중 증인으로 더글러스를 요청했으나 그는 재판에 오지 않았다. 오스카 와일드는 유죄 선고를 받아 레딩 감옥(Reading Goal)에서 2년간 강제 노역형으로 복역했다.[10] 2년 중 18개월은 책과 펜을

---

10 "1889년 경찰이 클리블랜드가의 유곽을 검색하던 중, 그곳에 소속된 남창들과 정계 인사를 포함한 영국의 유력 인사들 사이에 은밀한 거래가 있었음이 드러났다. 그 후 사건의 수사는 재빨리 덮이면서 유야무야로 끝나 버렸고, 그로 인해 국가의 신망에 커다랗게 금이 갔다. 따라서 당국으로서는 이번에야말로 추락한 국가의 도덕성과 명예를 회복하려는 단호한 의지를 보여 줄 때였던 것이다. 게다가 와일드의 스캔들 뒤에는 그보다 훨씬 더 중대하고 심각한 스캔들이 숨어 있었다. 1894년 10월 18일 자살한 것으로 추정되는 더글러스의 형 드럼랜리그 자작은 외무 장관에 이어 영국의 총리가 된 로즈버리 경의 비서관이자 동성 연인이었다. 따라서 국가의 근간마저 뒤흔들지도 모르는 엄청난 스캔들을 또 다른 스캔들로 덮어 버리기 위해 누군가를 희생양으로 만들어야 할 강력한 필요성이 대두되었던 것이다."(오스카 와일드, 2015, pp. 22-23)

더글러스의 형은 동성애 스캔들이 드러날 것이 두려워서 혹은 총리가 된 자신의 연인과 결별하는 것에 절망해 자살했는데, 더글러스의 아버지는 셋째 아들만은 지키겠다는 일념으로 와일드와의 관계를 묵과하지 않겠

전혀 잡을 수 없었다.

유죄 선고를 받자 그의 모든 작품이 런던에서 사라졌다. 아
내는 두 아들을 데리고 독일로 갔고 아이들의 성은 '홀랜드'
로 바뀌었으며 그는 죽을 때까지 두 아들을 볼 수 없었다. 차
남 비비언은 오스카 와일드가 다닌 옥스퍼드 대학에 입학을
거부당하기도 했다.

1896년

2월, 옥중에서 어머니의 죽음을 맞았다.

「살로메」가 파리에서 상연되었다. 아내인 콘스탄스는 레딩
감옥에서 와일드를 만나 어머니의 부고를 알려주었다. 이것
이 두 사람의 마지막 만남이었다.

다는 결심을 실행에 옮긴다. 자신의 아버지에 대한 증오로 가득 찼던 더
글러스는 그에게 와일드와의 사이에 싸움이 벌어지면 '장전된 권총을 들
고' 와일드의 편을 들 것이라고 단호하게 경고한다.(오스카 와일드, 2015,
p.11, p. 14)

더글러스는 오스카 와일드를 파멸시킨 재판에 몰아 넣었지만 와일드의 죽
음 이후에도 자신을 방어하기에 급급했다. 와일드가 그에게 보낸 편지인
『심연으로부터』가 로비의 편집으로 나오자 로비를 명예 훼손으로 고발하
기까지 했다.(오스카 와일드, 2015, pp. 26-29)

이런 방어를 목적으로 책까지 적었다. Alfred Bruce Douglas(1914), *Oscar
Wilde and myself*, New York: Duffield & company.

1923년 당시 장관이던 윈스턴 처칠을 비방한 죄로 6개월 형을 산 뒤에야
더글러스가 오스카 와일드를 이해했다는 이야기도 있다. 오스카 와일드의
『심연으로부터』는 더글러스가 1945년 죽고 나서야 우여곡절 끝에 1962년
에 무삭제판으로 나올 수 있었다.

1897년

1~5월, 레딩 감옥 당국은 오스카 와일드에게 남은 형기 6개월간 독서와 집필을 허가해 주었다. 오스카 와일드는 이때 더글러스에게 보내는 편지 형식으로 『심연으로부터(De Profundis)』를 집필했다.

5월, 석방된 후 가톨릭으로 개종해 수도원으로 가려는 계획을 세웠으나 예수회 수도사들에게 거부당하고 영국을 나가 프랑스로 갔다.

8월, 오스카 와일드는 더글러스와 재회해 나폴리 등 여러 곳을 옮겨 다니며 같이 지내다 아내와 친구들, 더글러스 아버지의 압력에 다시 헤어졌다.

1898년

2월, 옥중의 경험을 소재로 한 시집 『레딩 감옥의 노래(Ballad of Reading Gaol: C. 3. 3)』를 출간했다. 'C. 3. 3'은 오스카 와일드의 수인 번호로 'C동 3층 3번째 방'이라는 의미다. 이후 파리에서 친구 로스와 더글러스의 도움으로 힘들게 살아갔다.

4월, 아내의 죽음을 듣게 되었다.

1899년

1월, 『성실함의 중요성』이 간행되었다.
2월, 『이상적인 남편』이 간행되었다.

1900년

로마 가톨릭으로부터 개종이 허락되어 죽기 직전 세례를 받았다.

11월 30일, 파리에서 가톨릭 신부와 친구 로스, 하숙집 주인이 지켜보는 가운데 뇌막염으로 운명한 후 파리 교외의 바뉴 묘지에 묻혔다. 향년 46세였다.

1901년

베를린에서 「살로메」가 공연되어 영국인 작품으로는 셰익스피어 다음으로 최장기 공연을 기록했다.

1905년

사후 5년 만에 친구 로스가 맡아 갖고 있던 『심연으로부터』가 편집 출간되었다.

1962년

『심연으로부터』 완전판이 출간되었다.
제네바에 묻혔던 아내의 무덤에 '와일드의 아내'라는 글귀가 추가되었다.

1995년

오스카 와일드의 선고일을 기념해 웨스트민스터 대성당에 기념비가 세워졌다.
와일드의 무덤이 프랑스의 문화유산으로 지정되었다.

1998년

석방 후 박탈당했던 영국 국적이 회복되었다.
11월 30일, 오스카 와일드 사망 98주기인 이날 노동당 정부가 런던 중심부 트래펄가 광장 근처에 '오스카 와일드와의 대화'라는 이름의 기념비를 세웠다.

오스카 와일드
미학 강의:
사회주의에서의
인간의 영혼

초판 인쇄 | 2018년 9월 5일
초판 발행 | 2018년 9월 15일

지은이 오스카 와일드
옮긴이 서의윤
펴낸이 최종기
펴낸곳 좁쌀한알
디자인 제이알컴
신고번호 제2015-000058호
주소 경기도 고양시 일산동구 장항로 139-19
전화 070-7794-4872
E-mail dunamu1@gmail.com

ISBN 979-11-894590-0-0   03160

이 도서의 국립중앙도서관 출판예정도서목록(CIP)은 서지정보유통지원시스템 홈페이지(http://seoji.nl.go.kr)와
국가자료공동목록시스템(http://www.nl.go.kr/kolisnet)에서 이용하실 수 있습니다.(CIP제어번호: CIP2018026386)

판매·공급 | 한스컨텐츠㈜
전화 | 031-927-9279
팩스 | 02-2179-8103